Inhalt

Von Prinzessinnen, Zwergen und einem Donnerwetter
Märchen für Jung und Alt

Von Nikoläusen, Geschenkeregen und einem
Schneemann beim Frisör
Weihnachtsgeschichten für die ganze Familie

Vorwort und Dank

Fruchtbar sollen wir sein. Unsere Talente nutzen und mehr noch – mehr aus ihnen machen. Aber was sind unsere Talente, wo liegen sie verborgen? Verschleudern wir sie mitunter, investieren wir zu wenig in sie, untergraben oder vergraben sie gar, lassen sie verkümmern, unterschätzen wir ihren Wert?

In meinem Leben brauchte es eine ganze Zeit, bis ich meine Talente wieder entdeckte, und noch länger dauerte es, bis ich mich sie fruchtbringend einzusetzen traute. Ich musste erst lernen, mir und meinen Stärken, meinen Talenten, zu vertrauen. In diesem Lernprozess unterstützten mich vor allem Frauen. Frauen, die gleichermaßen gut „geerdet und gehimmelt" sind und deren Stärke darin besteht, innere Schätze funkeln zu sehen und sie gegebenenfalls heben zu helfen. Neben Dr. Hildegunde Georg seien hier Sr. Elisabeth Barlage OSB von der Abtei Frauenwörth genannt, Sr. Eustochium Bischopink OSB von der Kommunität Venio, Sr. Mechthild Hommel OSB, Sr. Eligia Mayer OSB und Sr. Helga-Gabriela Haack OSB von den Missionsbenediktinerinnen in Tutzing. Sie alle sind in der Gestalt der „Frau Engel" zusammengefasst.

Ich danke meinen Leserinnen und Lesern, die mich nicht kennen und sich dennoch auf meine wundersamen, märchenhaften und (nicht) ganz alltäglichen Geschichten einlassen. Geschichten, die auf unterschiedliche – zumeist leichte, humorvolle Weise – davon erzählen, wie wir uns danach sehnen, unsere Bestimmung zu finden, Einsamkeit und Selbstzweifel und Hass zu überwinden, lieben und geliebt zu werden. „Wir müssen ihr nicht den Krieg erklären", heißt es in der „Walze" „Ich fürchte, wir müssen ihr die Liebe erklären."

Lieben, vertrauen, hoffen. In Treue zu uns selbst unsere Talente leben, ein erfülltes Leben führen, glücklich und dankbar sein. Mut machen. „Wir sind mehr, als wir wissen", sagt Karl Rahner. Darum geht es – auch in diesem Buch. Es wäre nicht geschrieben worden ohne meine Lektorin, Martina Jung. Ihr gilt mein ganz besonderer Dank.

Ute Elisabeth Mordhorst

Für dich

Von Engeln, Einsiedlern und einem Koffer auf Reisen

Geschichten für Jugendliche und Erwachsene

Vom Engel, der seine Flügel suchte

Vorlesezeit: 15 Minuten
Themen: Engel, Traum, Erfolg, Karriere, Berufung

Nicht schon wieder!, seufzte Benjamin und fasste sich an die Schulterblätter. Ehe er es verhindern konnte, lösten sich die Flügel von seinem Rücken und fielen lautlos vor die Füße eines Oberengels. Der Engel strauchelte, der ganze Zug geriet in Unordnung. Das helle Glockengeläut, das die Prozession bis dahin begleitet hatte, verstummte, und Benjamin spürte die vorwurfsvollen, mitleidigen Blicke der anderen. Schrecklich, die Flügel wollten partout nicht anwachsen. Offensichtlich hatte man ihm beim Einzug in den Himmel ein falsches Modell verpasst. Das war noch nie vorgekommen.

Benjamin wurde des Himmels verwiesen, zumindest vorübergehend. Man schickte ihn in seine Geburtsstadt zurück mit dem Auftrag, den Menschen zu finden, der diesen Flügeln gewachsen war – und sie persönlich zu übergeben. Das war das Wichtigste.

So machte sich Benjamin also auf den Weg zur Erde. Er startete bei klarem, wolkenlosen Himmel. Die Sicht war gut. Es herrschte Windstille. Gegen ein Uhr morgens erreichte er seine Geburtsstadt. Die Hauptstraße war menschenleer, hier konnte er gut landen.

Da passierte das Missgeschick. Als er sich etwa zehn Meter über der Hauptstraße befand, lockerte sich der linke Flügel. Benjamin geriet ins Straucheln und kam von der Route ab. Er versuchte, mit einer scharfen Rechtskurve zurück auf die Hauptstraße zu gelangen, aber statt dessen verlor er immer mehr die Kontrolle. Jetzt löste sich auch der rechte Flügel. Bruchlandung! Statt sanft auf der Hauptstraße aufzusetzen, ging Benjamin im Stadtpark nieder, er schlug auf dem Rasen auf und verlor für kurze Zeit das Bewusstsein. Nach wenigen Minuten kam er wieder zu sich. Er blieb noch eine Weile benommen liegen, dann erhob er sich schwerfällig und beschaute sich von oben bis unten. Es war ihm offensichtlich nichts weiter passiert. Seine Knie hatten ein paar Kratzer abbekommen, der Kopf tat weh, alles an ihm war schwer wie Blei. Ansonsten keine größeren Verletzungen, Gott sei Dank. Und die Flügel? Benjamin griff sich zwischen die Schulterblätter und fuhr entsetzt zusammen. Die Flügel! Wo waren seine Flügel? Er musste sie kurz vor der Landung verloren haben. Er suchte den Rasen ab, Meter für Meter. Entsetzlich, die Flügel waren wie vom Erdboden verschwunden.

Mustafa Özdemir hatte gerade seinen Nachtdienst beendet, als er die Flügel auf dem Asphalt liegen sah. Von Rechts wegen hätte er sie dort liegen lassen können. Er hatte ja bereits Feierabend. Andererseits fand Mustafa Özdemir, dass die Menschen zu achtlos mit den Dingen umgingen. Er bückte sich schwerfällig und hob die Flügel auf. Flaumig und federleicht waren sie. Ein Gefieder wie von einem ganz jungen Vogel, dachte Mustafa Özdemir. Sicher gehörten sie den Theaterleuten.

Das Theater lag auf seinem Weg, und da er ein ordnungsliebender und rechtschaffener Mann war, würde er die Flügel wieder dorthin zurückbringen. Am nächsten Morgen trug Mustafa Özdemir die Flügel zum Seiteneingang des Opernhauses.

„Wirklich, zwei selten schöne Stücke!", brummte der Hausmeister und strich anerkennend über die flaumigen Federn. „Ja, natürlich, die stammen aus unserem Fundus, deutsche Handarbeit. Da ist Ihnen die Kunst aber zu Dank verpflichtet, Herr Özdemir! Nein, so etwas darf man nicht dem Rinnstein überlassen!" Herr Erdinger dankte Herrn Özdemir von der Stadtreinigung und versprach, die Flügel sofort in die Requisite zu geben.

Herr Özdemir stapfte zur U-Bahn. Einen Finderlohn hatte er von Herrn Erdinger nicht bekommen. Na ja, er war mit sich im Reinen, das war die Hauptsache.

In der Requisite wurden die Flügel gereinigt und anschließend in die Garderobe zu Frau Damaschke gebracht. Heute Abend, genauer gesagt in einer Stunde, würde das Staatsballett Schwanensee aufführen. Es klopfte, Frau Damaschke nahm die Federbüsche für die Primaballerina in Empfang. „Oh!", staunte sie, „zwei besonders schöne Exemplare." Wenn das jemand beurteilen konnte, dann Frau Damaschke. Sie war seit zwanzig Jahren Garderobiere am Städtischen Opernhaus. Elfriede Damaschke verstaute das Paar im Garderobenschrank von Angelina, der jungen Tänzerin, die heute Abend ihr Debüt geben sollte.

Benjamin lief noch immer durch den Stadtpark. Ein Vogelschrei riss ihn aus seinen Grübeleien. Benjamin schaute auf. Über seinem Kopf flog ein Schwan, so dicht, dass er den Flügelschlag des Vogels spürte. Der Schwan verschwand hinter einer Kirchturmspitze. Benjamin erhob sich langsam und folgte ihm.

Inzwischen hatte Frau Damaschke die Kostüme für Angelina gebügelt, gebürstet und fein säuberlich aufgehängt. Nun gönnte sie sich eine Verschnaufpause. Nebenan machte Angelina ihre Aufwärmübungen. Sicher ist es furchtbar aufgeregt, das arme Ding, dachte Frau Damaschke. Sie wühlte sich tiefer in ihren Sessel und begann unruhig mit den Fingern auf den Armlehnen zu trommeln. Etwas von der allgemeinen Nervosität kurz vor einer Premiere schwappte nun auch auf sie über. Nein, beim besten Willen, sie konnte nicht ruhig sitzen bleiben, obwohl ihr der Rücken schon den ganzen Tag weh tat und die schwarz bestrumpften Beine aufgepumpt waren wie Autoreifen. Die reinsten Elefantenstampfer, dachte Frau Damaschke, als sie an sich heruntersah und sich die schmerzenden Waden rieb. „Nee, wahrlich, ihr seid nicht gemacht für die Bühne", murmelte sie. Sie wäre zu gerne selbst Balletttänzerin geworden. Aber dafür hatte das Geld vorne und hinten nicht gereicht, und auch die Beine nicht, schon gar nicht bis in den Himmel, wie die von Marlene Dietrich. Na gut, eine Primaballerina war sie nicht geworden, aber eine prima Schneiderin, bis zum Nähmaschinenpedal hatten die Füße allemal gelangt. Sie hatte sechs Kinder großgezogen, ihren Mann gepflegt und kurze Zeit als Trambahnfahrerin gearbeitet, als sie vom Schneidern nicht mehr leben konnte. Dann suchte das Theater eine Garderobenfrau, und Frau Damaschke hatte die Gelegenheit beim ergrauten Schopf ergriffen.

So bin ich am Ende meines Lebens doch noch zum Ballett gekommen, dachte Frau Damaschke. Trotz der dicken Stampfer! Die Garderobentür wurde aufgerissen. Angelina warf sich auf den Stuhl. „Oje, Frau Damaschke", stöhnte sie. „Bestimmt werde ich stolpern und in den Orchestergraben fallen und mir den Hals brechen."

„Na, na! Das wird bestimmt ein großer Erfolg! Sie werden sehen!", brummte Frau Damaschke, watschelte auf Angelina zu und reichte ihr ein großes Taschentuch. Seit ihrer Hüftoperation ging die alte Garderobiere etwas nach Seemannsart, das heißt, sie knickte bei jedem Schritt linksseitig ein. Angelina schüttelte vehement den Kopf und schnäuzte sich geräuschvoll die Nase. „Mademoiselle Angelina auf die Bühne", schnarrte es aus dem Lautsprecher. „Mademoiselle Angelina, Ihr Auftritt bitte!" Angelina starrte Frau Damaschke ängstlich an. „Ich sterbe!", murmelte sie. „Na, na! Wer wird denn?!", brummelte Frau Damaschke und legte Angelina die handgearbeiteten Federn um das Tutu. „Oje!", stöhnte Angelina und schleppte sich zur Tür. Sie drückte die Flügel fest an das Ballettkostüm.

Benjamin lief wie betäubt durch die Stadt. Die Menschen auf den Straßen nahmen keinerlei Notiz von ihm. Sie sehen förmlich durch mich hindurch, dachte Benjamin. Für die bin ich unsichtbar. Plötzlich stand er vor dem Säulenportal des Städtischen Opernhauses.

Schwanensee, las Benjamin. Er öffnete die schwere, gläserne Haupteingangstür des Theaters und betrat das menschenleere Foyer. Wie still es hier war. Benjamin lief einen langen Gang entlang. Der Boden war mit einem schweren purpurroten Teppich ausgelegt. „Parkett links" stand in Leuchtschrift über einer tapezierten Tür, neben der, auf einem rotbraun lackierten Holzstuhl, ein Logenschließer saß und schlief. Benjamin glitt durch die Tür in den Zuschauerraum und nahm auf einem der leeren Sitze in der vordersten Reihe Platz. Das Theater war bis auf wenige Plätze ausverkauft.

Elfriede Damaschke ließ sich in ihren Sessel fallen, mit einem Fuß zog sie einen Hocker näher zu sich heran und legte das linke geschwollene, schmerzende

Bein darauf ab. Schwanensee war Frau Damaschkes Lieblingsballett. Sie konnte jede Note mitsummen und bewegte jetzt die Zehen auf und ab im Takt zur Musik. Gleich würde Angelina ihren Solo-Auftritt haben. Als Schwanenprinzessin Odette.

Benjamin beugte sich vor. Die Schwanenprinzessin. Wie schön sie war, wie anmutig sie über die Bühne schwebte. Sein Blick fiel auf die Federn, die um ihr Kostüm drapiert waren. Benjamin stutzte. Sein Herz pochte ihm bis zum Hals. Aber das waren ja seine Flügel! Natürlich, er erkannte sie ganz deutlich. Offensichtlich hatten sie ganz von alleine ihren Weg zum eigentlichen Besitzer gefunden. Jetzt würde doch noch alles ein gutes Ende nehmen. Nur noch die persönliche Übergabe …

Der dritte Akt war beendet. Tosender Applaus prasselte durch die Stuhlreihen des Theaters. Angelina sprang hinter die Bühne und lief durch die Theatergänge, bis sie hinter ihrer Garderobentür verschwand. Benjamin eilte ihr nach.

„Liebe, gute Frau Damaschke, schnell noch einmal aufputzen für das große Finale!", rief Angelina und stieg hastig aus ihrem Kostüm. Die Flügel glitten vom Tüllrock und fielen zu Boden. Während Frau Damaschke ihrem Schützling die Haare kämmte, atmete Angelina schwer und sprach kein Wort.

„Mademoiselle Angelina, zwei Minuten. Noch zwei Minuten bis zum großen Finale", schnarrte der Lautsprecher. Das große Finale, jawohl, dachte Benjamin.

Jetzt ist es soweit. Er nahm etwas Draht vom Garderobentisch, hob die Flügel vom Boden auf, strich noch einmal über die Federn und befestigte sie dann wieder am Kostüm der Tänzerin. Angelina stieg in das Kleid und öffnete die Tür. „Mademoiselle Angelina, Ihr Auftritt bitte!", hallte es durch die Gänge.

Angelina blieb abrupt stehen und drehte sich um. „Ach, Frau Damaschke, bitte geben Sie mir doch ein anderes Paar Flügel!", bat sie und streifte die Flügel nervös ab. „Diese kratzen so auf der Haut."

„Wirklich?", fragte Frau Damaschke irritiert, löste die Flügel vom Rock, legte sie auf den Frisiertisch und stapfte zum Schrank. Sie holte ein zweites Paar aus dem Regal und heftete es mit ein paar leichten Stichen an das Kostümkleid. „Alles Gute, mein Engel!", brummelte Frau Damaschke und spuckte der jungen Tänzerin über die Schulter. Angelina warf Frau Damaschke zwei Handküsse zu.

Benjamin starrte Angelina fassungslos nach. Dieser Engel wollte seine Flügel nicht! Die Flügel kratzten, hatte Angelina gesagt.

„Endlich!", seufzte Frau Damaschke und ließ sich in ihren Sessel fallen. Die Musik hatte wieder eingesetzt, und Frau Damaschke schloss die Augen. Sie stellte sich vor, wie Angelina jetzt über die Bühne flog. Ein schöner, stolzer Schwan wäre ich selber gern geworden, dachte Frau Damaschke wehmütig. „Ach, was! Hochfliegende Pläne!", sprach sie zu sich selbst. „Hat eben nur zur alten Gans gereicht."

Benjamin hob den Blick und sah auf Frau Damaschke. Ja, natürlich, dachte er, wie hatte ich so blind sein können. Er ging zum Frisiertisch, zog den Draht aus den Flügeln und legte sie Frau Damaschke liebevoll in den Arm wie einen Strauß Rosen. Frau Damaschke öffnete die Augen. Nanu, dachte sie. Die Federn. Die Musik zum großen Finale setzte ein. Frau Damaschke hatte eine Idee. Sie schob die Schuhe von den Füßen und erhob sich ächzend aus ihrem Sessel. Lächelnd nahm sie das Flügelpaar unter die Arme. Frau Damaschke hob und senkte die Arme und tat ein paar vorsichtige, kleine Schritte. Sie bewegte sich zur Orchestermusik wie eine Primaballerina. Mein lieber Schwan, Elfriede, dachte sie, deine Beine reichen sehr wohl bis in den Himmel. Frau Damaschke tanzte das große Finale.

Das Orchester spielte immer herrlicher und lauter, die Musik trug Frau Damaschke immer höher hinauf, hoch in die Lüfte, ein furioser Trommelwirbel donnerte durch den Raum, dann ein feiner Streicherakkord, ein letzter Paukenschlag. Finis. Die Scheinwerfer gingen aus, der Vorhang fiel. Stille. Tosender Applaus. Bravo-Rufe. Der Vorhang hob sich, Frau Damaschke trat in gleißendes Licht und verbeugte sich demütig.

Benjamin verließ das Opernhaus. Er atmete die milde Frühjahrsluft ein. Was für eine wunderbare Inszenierung, dachte er und sprang leichtfüßig die Stufen des Stadtheaters hinunter. Jetzt musste er sich aber beeilen, um die letzte U-Bahn zu erwischen. Er wollte auf die Straße laufen, als ihn jemand zurückhielt. Ein Auto raste vorbei. Der Fahrer gestikulierte wild und hupte mehrmals. „Na, na junger Mann!", brummte eine Frauenstimme neben ihm. „Warum so eilig? Der Himmel kann warten!"

Benjamin blickte in das freundliche Gesicht einer Opernbesucherin, die eine Federboa um ihre Schultern trug. „Danke!", murmelte Benjamin. Er nahm den Rucksack, der ihm von den Schultern gerutscht war, und machte sich auf die Rückkehr in seine Studentenbude nahe der Uni.

Das UKO

Vorlesezeit: 4 Minuten
Themen: Fremde, Neugier, Mut, Angst

Das UKO landete mittags gegen halb eins in der Mitarbeiterkantine. Es hatte eine grün-metallene Umhüllung und es jagte mir einen ziemlichen Schrecken ein, denn es bewegte sich geradewegs auf mich zu. Offensichtlich war es notgelandet. Ausgerechnet am Nebentisch, besser gesagt: unter dem Nebentisch. Ich konnte es nicht näher identifizieren, aber soviel sah ich: Etwas stimmte nicht mit ihm. Es schleppte sich über den Boden; genauer betrachtet hinkte es, das Unbekannte Krabbel-Objekt, welches ich die zweifelhafte Ehre hatte, zuerst und allein gesichtet zu haben. Die Damen und Herren an den vorderen oder hinteren Essensplätzen sahen es nicht.

Ich hatte mich etwas abseits gesetzt, in einen stillen Winkel unterhalb eines geöffneten Fensters, ruhebedürftig und lufthungrig wie ich war. Da landete das UKO vor meinen Füßen, und im Gegensatz zu mir hatten nun die anderen die Ruhe weg. Sie nahmen es schlichtweg nicht wahr. Obwohl sie gekonnt hätten, wenn sie gewollt hätten. So weit entfernt von ihnen war das UKO nicht. Zwei Tischlängen nur.

Woher kam das Alien und wohin wollte es? Noch nie hatte ich ein solches UKO in unserer blitzblanken, hygienisch einwandfreien Kantine gesichtet. Was es hier suchte, schien das UKO selbst nicht zu wissen, es krabbelte unentschlossen hin und her. Kaum war es mir gefährlich nahe gekommen, machte es sofort wieder auf dem Absatz kehrt. Nicht auf meinem Absatz, soweit hätte ich es nicht kommen lassen! Auf dem eigenen Absatz.

Hin und her – wie ein Panther im Käfig. „Der Gang geschmeidig starker Schritte, der sich im kleinsten Kreise dreht ..." Natürlich, völlig fehl am Platze, Rilke und das UKO. Der Vergleich hinkte ... wie das UKO ... und siehe da, auf einen Schlag hatte ich es identifiziert.

Das UKO erinnerte mich an Herrn Sumsemann, den fußlahmen Maikäfer aus Gerdt von Bassewitz' „Peterchens Mondfahrt". Wir Kinder waren allein zu Haus, unsere Eltern waren beide aus und wir hatten die Erlaubnis erhalten, uns die Verfilmung des Märchens im Fernsehen anzuschauen. Herr Sumsemann war mir unheimlich, ich mochte ihn von Anfang an nicht. Er machte mir Angst, worüber sich meine älteren Geschwister amüsierten. Es handle sich doch nur um ein

Märchen! Zu solcher Distanzierung war ich im zarten Vorschulalter nicht fähig und ehe ich michs versah, war Herr Sumsemann über den Bildschirm direkt in mein Kinderzimmer geflattert. Dort saß er noch Wochen später. Für meine Geschwister war er auf den Mond geflogen, sein verlorenes Bein zurückzuholen. Für mich nicht.

Damals nicht ... doch jetzt schickte auch ich Herrn Sumsemann auf den Mond. Und Tschüss! – Und während Herr Sumsemann auf und davon flatterte und das Unbeholfene-Krabbel-Objekt zurückließ, betrachtete ich es eingehend und mit genügend Abstand. Wie gut, dass ich es nicht hatte auffliegen lassen, das UKO. Hätte ich es an die Tischgemeinschaft verpetzt, wer weiß, ob es von ihr nur höflich an die Luft gesetzt worden wäre – per freundlicher Wasserglas-drüber und Bierdeckel-drunter Methode.

Ich studierte es noch eine Weile. Dann stand ich auf, um mir eine Tasse Kaffee zu holen. Zurück am Platz, war es nicht mehr da.

UKOs gehören richtig angeschaut. Dann verfliegen sie – ganz von allein.

Auf der Mauer, auf der Lauer

Vorlesezeit: 3 Minuten
Themen: Mut, Angst, Karriere, Selbstbewusstsein, Erfolg

Jürgen hat sich einfach hingestellt und „Auf der Mauer, auf der Lauer" gesungen. Als wäre das nichts, als wäre es das Selbstverständlichste von der Welt, „Auf der Mauer, auf der Lauer" vor einem größeren Kreis (von WissenschaftlerInnen) darzubieten. Jürgen ist weder ein Knirps, der seiner akademischen Großfamilie ein Ständchen bringt. Noch ist Jürgen ein Professor Unrat, der sich auf regressive Weise auf einer After-Work-Party produziert. Bei der Darbietung handelte es sich nicht um die Hochschulvariante von „Deutschland sucht den Superstar". Jürgen war auf einem Seminar.

Ein richtiger Professor soll Jürgen erst noch werden. Ob er will oder nicht. Aber das ist ein anderes Thema. Jedenfalls war Jürgen auf diesem Rhetorikseminar, um seine Präsentationstechniken zu verbessern. Das Ganze fand in den bayerischen Hausbergen statt, und ehe Jürgen sichs versah, fand er sich im tiefen Tal der Peinlichkeiten wieder. So nannte sich die Übung des zweiten Tages.

Am Morgen kündigte die Seminarleiterin an, ohne sich lang mit Präliminarien aufzuhalten, die TeilnehmerInnen sollten nun ein selbstgewähltes Lied zum Besten geben. Solo und a cappella. Wohlgemerkt: zum Besten. Keiner sollte sich zum Affen machen. Umgekehrt ginge es nicht um übertriebenen Ehrgeiz oder sängerische Top-Qualitäten. Um natürliche Würde ging es und darum, eine peinliche Situation zu meistern. Wem ist es nicht peinlich, sich völlig unerwartet einem Song-Contest stellen zu müssen? Peinliche Situationen kommen meistens unerwartet. Allerdings wurde diese am Ende auch noch benotet.

All das hat mir Jürgen am Telefon auf seine humorvolle, gelassene und in sich ruhende Art erzählt. Inzwischen weiß ich, dass Jürgen nicht immer die Ruhe in Person ist, sondern hin und wieder größere innere Kämpfe zu bestehen hat, aber auch das verbindet uns. Über Telefon oder E-Mail.

„Auf der Mauer, auf der Lauer" – was hätte ich glaubwürdig rübersingen können?, fragte ich mich nach dem Telefonat mit Jürgen und ging im Geiste meine Lieblingstitel durch. Mir fiel ad hoc kein geeigneter ein. Genau so wäre es mir auf dem Seminar gegangen. Bevor ich einen Titel auf meiner persönlichen Playlist gefunden hätte, wäre ich von der Seminarleiterin aufgerufen worden: Ich sehe mich, wie ich dastehe mit klopfendem Herzen, und während ich noch zögere, „Nessun dorma" zu singen, ist die Zeit plötzlich um. Schreckliche „Vorstellung".

Jürgen hat den Wettbewerb gewonnen. Er habe das Lied ganz einfach, selbstverständlich und natürlich gesungen und damit offensichtlich bei der Jury gepunktet. Was konnte mir schlimmstenfalls passieren, fragte mich Jürgen. Die meisten Teilnehmer hatten viel Sympathie für mich – sie konnten sich ja sehr gut in meine Lage hineinversetzen. Schön, wenn es auch im richtigen Leben so ist. Von Häme keine Spur. Auf der Lauer, auf der Mauer.

Ich glaub, den Titel merk ich mir.

Unterwegs

Vorlesezeit: 4 Minuten
Themen: Fremde, Reisen, Selbstbewusstsein, Bücher, Urlaub

Vor einem Jahr wurde ich zu einem Ehemaligentreffen unserer kirchlichen Jugendgruppe eingeladen. Ein Wochenend-Wiedersehen an der Ostsee – nach dreißig Jahren. Da musste ich hin, keine Frage. Vielleicht würde ich es sogar schaffen, nur das Wichtigste mitzunehmen: Auch da hatte ich schon immer mal hin wollen ... – Leider war ich noch nicht so weit. Ich packte wie immer meinen Schrank-Koffer und entschloss mich, wegen der sich aufsummierenden Schwere, ihn auf die Post zu geben. Drei Tage vor Reiseantritt. Damit das Geschleppstück mit den dicken Büchern und der Wenn-dann-Kleidung und dem schicken Hosenanzug rechtzeitig eintreffen würde vor dem großen Ereignis im hohen Norden.

„Schade, Sie wandern aus ...", sagte der Beamte vom Paketschalter, als er mich durch die Schalterhalle näherwanken sah. Er warf einen vieldeutigen Blick auf meinen mannshohen Koffer. Ich hatte einen Antwortsatz im Gepäck, aber den verriet ich nicht, stattdessen lächelte ich nur und füllte ein paar Formulare aus, während der Beamte mit den Fingern auf der Rezeptionstheke trommelte. Schließlich hievten er und sein Kollege die Reisetruhe laut ächzend auf die Gepäckwaage und wuchteten sie von dort in einen Nebenraum für Frachtpakete. Ich war erleichtert. Ab geht die Post, dachte ich. Der Urlaub konnte beginnen. Diesmal würde ich freihändig durch das Bahnhofsinnere laufen, ohne einen Koffer hinter mir herzuziehen, der nur Rückenschmerzen nach sich ziehen würde. Diesmal würde ich lediglich mit einer Tasche über der Schulter auf den haltenden Zug aufspringen. Warum hatte ich es mir so lange so schwer gemacht?

„Hast du deinen Koffer nicht dabei?", fragte mich mein Bruder als Erstes, als er mich vom Bahnhof abholte. Er schaute irritiert auf den leeren Platz neben mir, als wäre ich ohne Partner angereist, als wäre mir meine bessere Hälfte abhanden gekommen. „Der kommt morgen nach", sagte ich und meinte den Koffer. „Super!", sagte mein Bruder.

Abends saßen wir bei einem Glas Bier und riefen sie uns alle noch mal in Erinnerung: die Freunde von damals. Alle hatten zugesagt. Manche waren von weit angereist, sogar aus den USA. Wie schnell die Zeit vergangen war, wieso hatten wir uns nicht schon früher alle einmal wiedergetroffen? Was wohl aus ihnen geworden war, wie sie jetzt wohl aussahen? Gute Frage.

Die ungute Frage war, wo mein Koffer blieb. Als er mir am nächsten Tag nicht zugestellt wurde, fragte ich telefonisch bei der Post nach. Keine Sorge, der Koffer sei unterwegs, spätestens morgen würde er mir zugestellt werden. Als er mir spätestens morgen nicht zugestellt wurde, war die Service-Hotline der Post dauerbesetzt, ich recherchierte im Internet, ich stellte Nachforschungsanträge, ich versandte E-Mails, ich las zur Beruhigung Thomas Bernhard ... und Stunden später, Heureka!, hatte ich's: Mein Koffer war am richtigen Ort zur richtigen Zeit ... an die falsche Straße expediert worden – durch einen Lesefehler des Computers. Nun lagerte er auf dem hiesigen Hauptpostamt, und das war um diese Zeit geschlossen, da Wochenende. Zu wahr, um schön zu sein: Ich würde mich meinen Freunden in Reisemontur, in Sandalen, in dreiviertellanger Zipp-off Hose und im geringelten T-Shirt präsentieren dürfen.

Jedenfalls wusste ich jetzt, was es heißt: einen Koffer „aufzugeben". Ich gab ihn auf. Endgültig.

Aber das fiel mir auf einmal ganz leicht. Das Wesentliche hatte ich ja dabei. So sahen es auch meine Freunde. Und das war gleichermaßen die eigentliche Erkenntnis dieses schönen, intensiven Wiedersehens nach dreißig Jahren: sich selber nicht abhanden kommen. Unterwegs.

Das kleine Heimweh

Vorlesezeit: 5 Minuten
Themen: Nachbarschaft, Fremde, Sehnsucht, Heimat

Xenia fand das kleine Heimweh abends vor der Haustür sitzen. Fast wäre sie über den Koffer gestolpert, neben dem das kleine Heimweh kauerte. „Wo kommst du denn her?", fragte Xenia und beugte sich über das kleine Heimweh. Einen Moment überlegte sie, ob sie sich seiner annehmen sollte. Dann schob sie den Koffer zur Seite, schloss die Tür auf und trat in das Treppenhaus. Das kleine Heimweh lief ihr hinterher. Stufe für Stufe, bis in die Wohnung folgte es ihr nach.

„Na gut, meinetwegen …", dachte Xenia. Sie gab dem kleinen Heimweh zu essen und zu trinken und stellte ihm ein Körbchen in den Flur. Und sie beschloss, niemandem zu erzählen, dass das kleine Heimweh bei ihr eingezogen war.

Am Abend unternahmen Xenia und das kleine Heimweh einen Spaziergang durch die fremde Stadt. Das kleine Heimweh riss und zerrte an der Leine und zog sie hinunter zum Hafen, in dem das große Schiff lag. Die beiden setzten sich auf die Kaimauer und schauten auf das Wasser und malten sich aus, wie das große Schiff den Anker lichten, laut tuten und in See stechen und sie mitnehmen würde, fort aus der fremden Stadt. Aber das große Schiff blieb vor Anker liegen und Xenia und ihr kleiner Begleiter sprangen von der Kaimauer und gingen nach Haus. Dort stand noch immer der Koffer vor der Tür. Xenia nahm ihn mit hinein und trug ihn in ihren Keller. Er hatte ein ziemliches Gewicht.

Wenige Tage darauf wurde das kleine Heimweh krank. Es blieb in seinem Körbchen liegen und rührte sich nicht von der Stelle und hatte keinen Appetit. Auch Xenia wurde krank – vor Sorge. Was, wenn dem kleinen Heimweh etwas geschehen würde? Dann hatte sie niemanden mehr in der fremden Stadt.

Am Sonntagmorgen klingelte es bei Xenia an der Wohnungstür. Das kleine Heimweh stellte die Ohren auf und bellte und Xenia ging zur Tür und öffnete. „Entschuldigung, ich möchte nicht stören", sagte eine angenehme Stimme. „Für Sie ist etwas Post bei mir abgegeben worden." Die angenehme Stimme gehörte Frau Freund; sie war die Nachbarin von Xenia und es war ihr seltsam vorgekommen, dass der Briefkasten der jungen Frau langsam überquoll und die Vorhänge ihrer Wohnzimmerfenster seit Tagen zugezogen waren. Frau Freund hielt ein paar Briefe in der Hand. Dann beugte sie sich zu dem kleinen Heimweh hinunter, das herbeigelaufen war. „Ach, Gott. So eines hatte ich auch mal!", sagte Frau Freund gerührt und stutzte. „Ist es krank?"

Xenia nickte und schwieg. „Wenn Sie mögen, kommen Sie nachher in meine Praxis und ich schaue es mir mal genauer an", sagte Frau Freund. Sie war nämlich Ärztin. „Nach dem Frühstück? Sie haben doch noch nicht gefrühstückt, oder?"

„Nein", sagte Xenia. „Na, dann wird es Zeit", sagte Frau Freund, und plötzlich kam ihr ein Gedanke. Eine halbe Stunde später standen Xenia und das kleine Heimweh in der großen Wohnküche von Frau Freund vor einem üppig gedeckten Frühstückstisch.

„Gehen wir kurz in mein Sprechzimmer", schlug Frau Freund vor. Sie holte ein Hörrohr aus ihrem Arztkoffer und horchte dem kleinen Heimweh das Herz ab, denn sie war eine Herzspezialistin. „Hatte es denn keinen Koffer bei sich?", fragte Frau Freund. „Zu einem Heimweh gehört doch immer ein Koffer." „Ich habe ihn in den Keller gestellt", sagte Xenia.

„Dann holen Sie ihn geschwind wieder herauf!", sagte Frau Freund. „Ich glaube, was ihm fehlt, ist der Koffer."

Nach dem Frühstück lief Xenia in den Keller. Sie trug den Koffer hinauf in ihre Wohnung und öffnete ihn vor Frau Freund und dem kleinen Heimweh. „Die reinste Schatztruhe!", rief Frau Freund. „Das sind ja alles sehr wertvolle Bücher aus dem Land des kleinen Heimwehs. Lesen Sie uns bald einmal daraus vor?" Das kleine Heimweh schaute erwartungsvoll. Xenia nickte und lächelte.

Am Abend gingen die beiden wieder spazieren. Vom Wasser war ein Schiffstuten zu hören. Aber Xenia und das kleine Heimweh zog es heute nicht zum Hafen, heute zog es sie zum ersten Mal in das Innere der fremden Stadt.

Die Walze

Vorlesezeit: 10 Minuten
Themen: Karriere, Macht, Stress, Liebe, Selbstbewusstsein,
Burn-out

Ein schwerer Regen war niedergegangen auf das Dorf. Nun waren die Dorfstraßen breiig wie Kuchenteig. Wer unterwegs war von A nach B, musste sich durch Matsch und Modder quälen. Nichts ging mehr voran. Es half nichts, es führte kein Weg dran vorbei. Trotz der leeren Dorfkasse. Die Dorfstraßen mussten dringend asphaltiert werden – es war der einzige Weg aus dem Schlamassel. So kam es, dass der Bürgermeister eine Walze aus der Stadt kommen ließ, denn das Dorf besaß selber keine.

Die Walze betrachtete die teigigen Dorfstraßen ohne eine Miene zu verziehen. „Morgen fangen wir an", sagte die Walze. „Wir?", fragte der Bürgermeister. „Meine Teerkolonne und ich", erklärte die Walze. „Und wegen der Bezahlung machen Sie sich keinen Kopf. Ich verlange nichts als freie Fahrt." Dann dampfte sie ab.

Am nächsten Tag zog eine lärmende Teerkolonne durch das Dorf und goss eine zähe, schwarze, kochendheiße Flüssigkeit auf alle Hauptstraßen und über alle Blumen und Sträucher, die das Pech hatten, am Wegesrand zu stehen. Alsbald war die Luft verpestet von einem beißenden Gestank und die Bewohner japsten nach Luft und schlossen eilig alle Fenster und Türen ihrer Häuser. Prompt rollte die Walze heran. „He da. Weg da!", hörte man sie am Dorfeingang brüllen. „He da. Weg da! Jetzt komme ich!"

Der Spuk dauerte fünf Tage. Dann zog die Walze mit ihrer Teerkolonne ab und mit ihnen verzog sich der beißende Gestank. Das Dorf fand zur alten Ruhe zurück und zu neuem Glanz.

Die Hauptstraßen schimmerten wie glattgebügelte Lakritze ohne Hubbel und Knubbel. Nach einer Woche konnten sie wieder befahren werden. Die zarten Pflänzchen und Gräser an den Straßenrändern trauten sich wieder an die Luft, zumindest jene, die das Glück hatten, über starke Wurzeln zu verfügen. Na also, wer sagt es denn, dachte der Bürgermeister. Wir können zufrieden sein.

Irrtum vom Amt … Der Frieden währte nicht lange. „He da. Weg da! Freie Fahrt!", donnerte eines Morgens der „Weg!"-Ruf der Walze durch die Straßen des Dorfes. Die Dorfbewohner trauten ihren Augen und Ohren nicht. Oje, die Walze – schon wieder? Die Unglücklichen, die gerade unterwegs waren von A nach B, sprangen hastig zur Seite und landeten im Straßengraben. Immer noch besser als plattgedrückt zu werden, dachten sie. Dann beschwerten sie sich an oberster Stelle.

Es half nichts, es führte kein Weg daran vorbei – der Bürgermeister musste die Walze zu sich in das Bürgermeisteramt bestellen. Eines Tages, kurz nach dem Mittagessen, stand sie vor ihm. „Was gibt es?", fragte die Walze. „Geschwindigkeitsvorschriften", sagte der Bürgermeister. „Auf unseren Straßen gibt es Geschwindigkeitsvorschriften. Die gelten für uns alle. Auch für Sie." „Für mich gelten sie nicht", entgegnete die Walze kurz. „Erstens bin ich nicht alle, sondern einzig, und zweitens haben Sie mir freie Fahrt zugesagt." Der Bürgermeister räusperte sich und wurde blass. „So lange Sie sich auf unseren Straßen bewegen, haben Sie Rücksicht zu üben und Sie haben sich an die Vorschriften zu halten. Wie wir alle." „Ihre Straßen?", rief die Walze hochmütig. „Ich habe die Straßen zu dem gemacht, was sie sind. Das sind meine Straßen."

Der Bürgermeister stocherte in seinem Vanillepudding. „Alles verweichlicht!", sagte die Walze verächtlich. Dann bretterte sie von dannen.

Es half nichts, es führte kein Weg dran vorbei. Ein Rat musste her, guter Rat war wichtig. Also tagte der wichtige Gemeinderat. Der mehr oder weniger wichtige Imkermeister, für den das Leben kein Honigschlecken war, der überwichtige Vertriebschef, der früher einmal Preis-Boxer gewesen war und die junge Dichterin, die sich durchzuboxen verstand in der Klasse der mehr oder weniger Schwer- bis Über-Wichtigen.

„Jemand muss sich der Walze in den Weg stellen", sagte der Bürgermeister und schaute den Imkermeister an. „Widerstand zwecklos", seufzte der Imkermeister. „Sie fährt alle über den Haufen." Und er deutete auf seine platten Füße, die er von Geburt an hatte.

„Widerstand zwecklos", seufzte auch der Vertriebschef. Und er deutete auf seine platte Nase, die von einem Preis-Kampf herrührte. Der Bürgermeister strich sich über den kahlen Kopf. „Widerstand zwecklos …", wiederholte er traurig.

„So schnell dürfen wir uns nicht geschlagen geben!", protestierte die junge Dichterin. „Ich überleg mir was, meine Herren."

Indessen war die Walze nicht mehr zu bremsen. Des Nachts kommandierte sie ihre Teerkolonnen durch das Dorf, und die Teerkolonnen gossen die zähe und beißende Flüssigkeit in alle Nebenstraßen und Gassen und am Morgen rumpelte und krawallte die Walze hinterher und walzte alles platt, was ihr vor die Füße kam. Wer das Dorf verlassen konnte, verließ es. Die bleiben mussten, verließ der Mut, und die der Mut verließ, verließen kaum noch ihre Häuser.

Wieder tagte der Gemeinderat. „Es hilft nichts, es führt kein Weg dran vorbei!", sagte der Bürgermeister. „Wir müssen der Walze den Krieg erklären. Es geht um unsere Existenz." Der Imkermeister lächelte honigsüß und der Vertriebschef ballte innerlich die Fäuste.

„Ich fürchte, wir müssen ihr die Liebe erklären", sagte die junge Dichterin. Hilfloses Schweigen. Betretene Blicke. „Ich meine es ernst", sagte sie.

Die junge Dichterin lud die Walze zum Tee ein. In ihr Häuschen am Ende der Welt, am äußersten Rande des Dorfes. Dort, wo sich Hase und Igel Gute-Nacht-Lieder singen.

„Eine Tee-Einladung", sagte die Walze und hielt den Brief gegen das Licht, als wollte sie seine Echtheit prüfen. „Wer kommt denn auf solche Ideen?" Sie schaute auf den Absender. „Kenn' ich nicht", sagte die Walze. Dann las sie, dass der Brief aus der Annette-von-Droste-Hülshoff-Straße kam. „Nie gehört", sagte die Walze. „Sicher irgendwo am Ende der Welt. Wo es weder Infrastruktur gibt noch asphaltierte Straßen." Das ist ein Auftrag, dachte die Walze.

Die Walze machte sich auf den Weg. „He da! Weg da! Freie Fahrt!", schmetterte sie, was völlig unnötig war, die Straßen waren wie ausgestorben, längst traute sich niemand mehr vor die Tür. „He da! Weg da! Freie Fahrt!" Jetzt stand sie am Dorfausgang. Was war das? „Naturschutzgebiet" stand auf einem Schild geschrieben.

„Brachland", raunte die Walze. „Chaos, Urwald, Moosbehang. Erbärmlicher Straßenzustand. Frösche, Rehe, Raben. Nichts als Gestrüpp und Getier. Libellen, Eulen, Beeren, Spinnen. Das ist ein Auftrag ... für eine neue Start- und Landebahn." Auf Tee und Kuchen konnte sie gut verzichten, was sollte sie mit diesem süßen Pamps? Sie wusste, was sie zu tun hatte. Das ist ein Auftrag, dachte sie wieder, ein riesengroßer Auftrag, gerade wollte sie eine SMS an ihre Teerkolonnen schreiben, da hörte sie jemanden aus der Ferne rufen.

„Hallo, hierher … und bitte Vorsicht! Sie müssen achtsam auftreten, befestigte Wege sind rar bei uns im Niedermoor." Niedermoor? Die Walze erschrak. Ihr Blick fiel auf ein Straßenschild: Annette-von-Droste-Hülshoff-Straße.

Dann tauchte eine Frau vor ihr auf. Die Frau hatte weiche Gesichtszüge, trug weiche, fließende Stoffe und ihre Stimme klang verdammt weich. Schaurig! durchfuhr es die Walze. Wo war sie hier nur hingeraten? „Nichts wie weg!", dachte die Walze. Sie legte den Turbo-Rückwärtsgang ein, geriet dabei heftig ins Schlingern und kam vom festen Weg ab – und fuhr sich fest im Niedermoor. Ja, und das ist so ziemlich das Schlimmste, was einer Walze passieren kann, die sich so gern auf festem Untergrund bewegt. Panik!

PANIK!!! Die Walze drehte durch, das heißt: Ihre Räder drehten durch. Sie strampelte und zappelte und fuchtelte wie ein Frosch im Milchteich. „So beruhigen Sie sich doch!", sagte die junge Dichterin immer wieder. „Unser Niedermoor ist nicht sehr tief. Sie können gar nicht untergehen." Aber dafür hatte die Walze kein Ohr. Sie strampelte und zappelte und fuchtelte ohn' Unterlass. Schließlich ging ihr die Puste aus und sie wurde ruhiger. Irgendwann rührte sie sich nicht mehr, sie klappte die Augen zu und fiel in einen tiefen Erschöpfungsschlaf. „Alles in Butter", sagte die junge Dichterin. Dann bestellte sie den Baukran und am nächsten Morgen fand sich die Walze zu ihrer großen Überraschung auf der Hauptstraße des Dorfes wieder.

Es dauerte eine Zeit, bis die Walze ihr Erlebnis im Niedermoor verarbeitet hatte. Durch das Dorf tobte sie fortan nicht mehr. Sie veränderte sich. Auch beruflich. Es heißt, sie habe ihre Erfüllung im Brückenbau gefunden.

Und die junge Dichterin machte daraus glatt eine Geschichte. Es half nichts, es führte kein Weg dran vorbei.

Die Brieftaube

Vorlesezeit: 10 Minuten
Themen: Einsamkeit, Nachbarschaft, Selbstbewusstsein,
Freundschaft

Zeit, dass ich mich mal wieder zu Gesicht bekomme, dachte der Leuchtturmwärter. Er nahm den Rasierapparat in die Hand und fuhr sich damit über Hals, Kinn und Wangen. Der Wind rüttelte an den Fenstern. Der Leuchtturmwärter wandte sich um und schaute durch eine Luke hinaus aufs Meer. Es regnete. Kleine, aber schon längere Wellen mit weißen Schaumköpfen bewegten sich über die Wasseroberfläche. Eine Wolkenwand näherte sich von Norden her. Aber noch war die Sicht relativ gut. Noch lag die See ruhig. Kein Schiff, soweit das Auge reichte, zumindest das bloße Auge nicht. Was bist du doch für ein komischer Kerl, dachte der Leuchtturmwärter. Hockst hier oben in deinem „Kirchturm" wie ein Uhu in einem Astloch. „Uhuhh!" Er schaute in den Spiegel und beendete seine Rasur. Das reichte. Ganz entblößen wollte er sein Gesicht nicht. Was bist du doch für ein komischer Klaus, dachte er.

Der Leuchtturmwärter war nicht immer ein „komischer Kauz" gewesen. Er war nicht als Käuzchen auf die Welt gekommen, sondern als Kläuschen. Weder war er silbergrau von Geburt an gewesen noch ein Einsiedler. Ein Mittelbraunschopf war er gewesen und interessiert an der Gesellschaft von Menschen. Aber er war nicht heimisch geworden in der Welt, so sehr er sich darum bemüht hatte. Sie blieb ihm fremd mit ihrem falschen Schmuck und ihren fragwürdigen Zielen und ihrem leeren Lärm, mit ihrer Hast und Hatz. Sie sprach eine Sprache, die er immer weniger beherrschte. Ab einem bestimmten Zeitpunkt war er immer einsilbiger geworden, war ein paar Jahre bei der Marine gewesen und hatte sich dann, anstatt irgendwo an Land zu gehen, immer tiefer in sein Innerstes zurückgezogen. Bis er schließlich diesen Job als Leuchtturmwärter angenommen hatte.

Verrückt!, ging es ihm wieder oft durch den Kopf. Ausgerechnet du, der du deinen Heimathafen nicht gefunden hast, bist jetzt ein paar „Pötten" behilflich, den ihren zu finden.

Den Fischerbooten, Frachtern, Passagierdampfern, Ozeankästen ein Licht in der Dunkelheit. Ausgerechnet du.

Der Leuchtturmwärter zog seine Regenjacke an und trat hinaus auf die Aussichtsplattform. Er klappte seinen Kragen hoch. Der Wind war stärker geworden. Der Regen auch. Es dämmerte. Zeit, dass er sich um das Leuchtfeuer kümmerte. Er drehte eine Runde auf dem Gitterturm, lehnte sich über das Geländer und schaute zum Horizont. Wie ein metallischer Gong, dachte er. Die Sonne sieht heute Abend aus wie ein metallischer Gong, kreisrund. Zwischen den Wolken zuckten ein paar Blitzschläge. Da braut sich was zusammen. Na und? Wenn schon. Er hatte ganz andere „Donnerwetter" überstanden und der Leuchtturm verfügte über meterdicke Wände und einen Blitzableiter.

Der „Kirchturm" war ein imposantes altes Steingebäude von gut vierzig Metern Höhe, freistehend im Wasser und drei Seemeilen entfernt vom Festland. Wenn es nach dem Leuchtturmwärter gegangen wäre, hätten es auch fünf Seemeilen sein können. Er brauchte Abstand zu seinen Mitmenschen. Einmal in der Woche Landberührung reichte. Einmal in der Woche machte er sein Boot klar, um sich auf die Insel auszuschiffen und Proviant „an Deck" seines Turms zu holen. Hin und wieder ein Behördengang, ein Weg zum Postamt. Ab und zu eine Stippvisite im Seemannsheim, wo er noch ein Zimmer hatte. Mehr Kontakt brauchte er nicht.

Die Besuche waren kurz, er ging den Inselbewohnern am liebsten aus dem Weg.

Und sie ihm auch. Mit dem komischen Klaus wollte keiner was zu tun haben. So wie der dreinschaute, war der erzürnt mit Gott und der Welt.

Früher sollen hier angeblich Gefangene untergebracht gewesen sein, dachte der Leuchtturmwärter und ging zurück in das Innere des Turms und in die Gerätekammer. Fenster und Linsen mussten noch einmal geputzt werden, Brennstoff hatte er bereits nachgefüllt. Ein Gefangener war er nicht. Er konnte jederzeit abhauen. Er war freiwillig hier, unter Deck des „Kirchturms" – der inzwischen eine komfortable Wohnstätte war, mit allem Drum und Dran. Bad, Küche, Schlafkoje. Vorübergehend hatte der Leuchtturm als kleines, gediegenes Restaurant gedient, bis man ihn wieder als Leuchtturm in Betrieb genommen hatte. Viel Drum und Dran brauchte der Leuchtturmwärter aber gar nicht. Hauptsache, er blieb gesund und vor allem gut zu Fuß. Die 107 Stufen musste er nämlich per pedes bewältigen. Die Stufen werden auf Dauer die Restaurantbesucher abgeschreckt haben, dachte der Leuchtturmwärter.

So, jetzt brannte das Leuchtfeuer. Er hängte die Regenjacke in das Mini-Bad, zog einen Wollpullover über, brühte sich einen Tee auf und setzte sich in den breiten, gepolsterten Kapitänssessel, der fast den ganzen Wohnraum einnahm. Eine Fensterluke war noch geöffnet. Mensch, der Wind pfeift ganz schön, dachte der Leuchtturmwärter und führte gedankenverloren den Becher an den Mund. Dann griff er zu der Wochenzeitung, die neben dem Kapitänssessel lag, und vertiefte sich in die Seiten. Irgendwann riss ihn ein kratzendes Geräusch aus seiner Lektüre. Das Kratzen kam vom Fenster. Ein Gurren. Er schaute hoch. Nanu, gab es das!? Eine Taube hatte sich zu ihm verirrt. Die Taube schaute neugierig in den halbrunden, weißgekalkten Wohnraum, als suchte sie etwas. Schaute von der brennenden Petroleumlampe auf den gekachelten Tisch, legte den Kopf auf die Seite, schob den Kopf ruckartig vor, schaute den Leuchtturmwärter an. Als erwartete sie von ihm eine Antwort. Ja, was …? Was hatte sie ihn denn … gefragt?

Der Leuchtturmwärter betrachtete den Vogel. Ein schönes Tier.

Dann brach das Unwetter über die See herein. Die Taube drehte sich um und flatterte davon. Jetzt geht's los, sagte der Leuchtturmwärter und erhob sich aus seinem Sessel. Die Meeresoberfläche war weiß. So weiß wie das Gefieder der Taube. Und die Sicht wurde zunehmend schlechter. Eine schwarze Wolkenwand schob einen sintflutartigen Regen vor sich her. Die Wellen türmten sich auf. Der Leuchtturmwärter schloss die Luke.

Was sie wohl bei mir gesucht hat, fragte sich der Leuchtturmwärter wieder. Dass sie etwas gesucht hatte, war klar. Zum ersten Mal wurde ihm bewusst, dass er nichts Grünes, nichts Blühendes zu Hause hatte. Kein Olivenbäumchen, keinen Blumentopf, keinen Ölzweig gab es bei ihm zu gewinnen. Ein paar Seidenblumen, das war alles.

Jetzt war der Himmel tiefschwarz. Blitze zuckten durch die Nacht. Der Wind heulte und pfiff. Regen peitschte gegen die Fenster. Die reinste Sintflut, dachte der Leuchtturmwärter. Urgewalten. Ganz wohl war ihm nicht.

Er trat vor das kleine, dunkle Bücherregal und suchte nach dem alten Buch mit dem roten Ledereinband. Als er es gefunden hatte, ging er zurück zu seinem Kapitänssessel, legte sich den Folianten auf die Knie und blätterte darin. Wie war das man noch gleich mit der Arche Noah? Als er die Stelle gefunden hatte, las er sie ein um das andere Mal. Genesis 7 – Die große Flut. Dann klappte er das Buch zu. Vielleicht kehrt sie ja noch einmal zurück, die Taube, dachte er und erhob sich aus dem Sessel. Er öffnete die Fensterluke, sprang einen Schritt zurück und schloss sie sofort wieder. „Wahnsinn! 100 Stundenkilometer wird der Wind wohl haben. Die Luft da draußen ist voller Gischt …" Er zog ein Dreieckstuch aus der Hosentasche und wischte sich das Gesicht trocken.

Als er auf den Boden schaute, sah er einen Brief auf dem Eichenholzparkett liegen. Er hob ihn auf und drehte ihn in den Händen.

Ex libris … Der musste aus dem Buch gefallen sein. Komisch, dass er einen Brief von ihr in der Bibel aufbewahrt hatte. Er erkannte ihre geschwungene Handschrift auf dem Kuvert. Er zögerte, dann zog er den Bogen aus dem Umschlag. Ein paar gepresste Rosenblätter hatte sie auf blaues Papier geklebt. Mit Tesa-Film. Keine Seidenblumen. Echte Rosenblätter.

Es muss einer ihrer ersten Briefe gewesen sein, er begann mit einem zaghaften Hallo. Der Leuchtturmwärter las den Brief zu Ende. Dann schob er das Blatt zurück in den Umschlag und legte das Kuvert zurück in die Bibel. Er schloss die Augen. Auf den Sturm hörte er nicht mehr. Er hörte auf ein Hallo. „One hello" – er hörte das Lied von dieser amerikanischen Sängerin. Randy Crawford, genau. Jetzt fielen ihm sogar ein paar Textzeilen ein. „If you're not afraid of what love brings, then endings are beginnings of beautiful things." Und noch etwas fiel ihm ein: Er könnte von seinem „Kirchturm" herabsteigen und mal wieder in eine richtige Kirche gehen.

Er könnte morgen, wenn sich das Unwetter verzogen hatte, auf die Insel fahren und auf den Markt gehen und ein paar frische Blumen kaufen, richtige, echte Blumen. „Love begins with one hello, the hardest part is over, now it's easy letting go …" Und er könnte ein paar Leute, die er vom Sehen kannte, grüßen. Einfach so. „Hallo." Und lächeln. Nee. Lächeln war für Fortgeschrittene. „Hallo" würde reichen. Für den Anfang.

Der Engeljäger

Vorlesezeit: 4 Minuten
Themen: Engel, Vertrauen, Schutz

Mein Großvater war Jäger. Er trug dunkelgrüne, schwere Anzugstoffe; aus seiner Jackentasche baumelte eine goldene Uhrkette und er rauchte würzige südamerikanische Zigarren. Wenn er nicht in seinem Kontor saß und arbeitete, hockte er bei schönem Wetter auf einem Holzstuhl vor der Gartenlaube und las die Tageszeitung, während zu seinen Füßen ein Drahthaar-Jagdhund lag und schlief.

Im Jagdzimmer meines Großvaters stand ein hoher Schrank aus Kirschbaumholz, hinter dessen verschlossenen Glastüren Gewehre aufgereiht waren. An den Wänden hingen Jagdtrophäen: kleine und ausladende Hirschgeweihe. Die ausgestopften Fasane, Rebhühner und Auerhähne auf den Tischen waren von seltsamer Erstarrtheit und wie von einem Bann belegt. Sie schienen wie Dornröschen darauf zu warten, wieder wachgeküsst zu werden. Das Jagdzimmer war mir nicht ganz geheuer, andererseits schreckte es mich auch nicht sonderlich, denn mein Großvater war ein freundlicher, gütiger Mann. Er war eng befreundet mit unserem ebenso freundlich-gütigen und ähnlich rundlichem Gemeindepfarrer, der oft bei uns zu Gast war. Die Nähe zur Kirche machte Großvater in meinen Augen über jeden moralischen Zweifel erhaben. Die Jagd gehörte zu ihm, ich zerbrach mir nicht weiter den Kopf darüber.

Eines Tages jedoch, ich muss vier Jahre alt gewesen sein, erschütterte meine ältere Schwester mein Vertrauen in das harmlose Wesen und waidmännische Tun meines Großvaters. Es war im Mai. Ich kauerte auf der Steintreppe vor unserem Haus und aß eine Birne. Mein Großvater hatte sie mir geschenkt. Ich erinnere noch, dass sie sehr süß und saftig war und ich jeden Bissen genoss.

Auf dem Treppenabsatz lagen zwei weiße Gänseflügel, die von den angestellten „Mädchen" dazu benutzt wurden, die Herdplatten der großen gusseisernen Öfen in unserer Wirtschaftsküche abzubürsten.

Nun saß ich also und mampfte mit Genuss meine Birne, als meine ältere Schwester plötzlich neben mir stand. Sie war im Gegensatz zu mir ein eher nüchternes Mädchen und liebte es, mich aus meinen Träumen zu holen und mir einen Schrecken einzujagen. „Guck mal, Ute Elisabeth", sagte meine Schwester ernst und deutete auf die Gänseflügel. „Da … die Flügel. Die sind von … einem Engel" (Pause). „Den hat Opa geschossen." (Pause). Ich zuckte zusammen, starrte auf die Flügel und entgegnete meiner Schwester nach einer

Schrecksekunde empört und unter Tränen: „Das glaube ich nicht. Opa schießt keine Engel!" Dann etwas leiser: „Und wenn, dann höchstens aus Versehen ..."

Inzwischen war meine Mutter aus dem Haus getreten. Sie nahm mich in den Arm und versicherte mir, dass Opa sicher nicht auf Engel schieße. Ich saß auf den Treppenstufen und schwieg. Und was war mit den anderen Jägern? Auf einmal schmeckte mir die Birne nicht mehr, ich schlang sie hastig und gedankenverloren herunter. Dafür kaute ich noch lange auf dem Satz meiner Schwester herum. „Guck mal da, Ute Elisabeth, die Flügel ..." Was, wenn Engel eine bedrohte Art waren – was, wenn Engel „in höchster Lebensgefahr schwebten", weil es Menschen gab, die ihnen mutwillig nach dem Leben trachteten? Wer sollte dann noch auf uns aufpassen? Dann waren ja auch wir indirekt bedroht durch diese schrecklichen ... Engeljäger.

Meine kleine blaue Stehlampe

Vorlesezeit: 2 Minuten
Themen: Einsamkeit, Fantasie, Freundschaft

Gestern ist meine große, güldene Stehlampe ausgegangen.
Sie ist einfach ausgegangen, obwohl sie gar keinen Ausgang hatte. „Durchgebrannt" könnte man auch sagen.
Aber wohin? Vielleicht hatte sie Sehnsucht nach Norddeutschland, von dort hatte ich sie mitgebracht. Ja, vielleicht hatte sie Sehnsucht nach einer „60-Watt-Wanderung" in den Dünen. Wohin auch immer. Sie ist ausgegangen. Mit einem Schlag brannte sie nicht mehr für mich. Das tat mir richtig weh, vor allem meinen müden, alten Augen.
So saß ich eine Weile im Finstern und versank in düsterem Sinnieren. Schließlich stand ich auf, ging ans Fenster, dorthin, wo meine Staffelei steht, und schaute hinaus. Ich fing an, mir auszumalen, wie es wohl wäre, wenn ich wieder eine Lampe hätte. Eine treuere, eine, die nicht einfach ausgeht, obwohl sie keinen Ausgang hat.

Ich weiß nicht, wie lange ich so am Fenster stand und mir die Gesellschaft einer freundlichen Lampe in allen Farben ausmalte … plötzlich schreckte ich hoch aus meinen Gedanken. Es wurde auf einmal hell um mich. Als ich mich zur Staffelei umdrehte, sah ich sie vor mir, meine kleine, blaue Stehlampe. Auch wenn sie lediglich auf dem Papier besteht, sozusagen nur eine potemkinsche Lampe ist: sie versteht es „aus-gezeichnet", mein tristes Dasein zu erhellen.

Und die Moral von der Geschicht': Lampen dürfen ausgehen, Ideen nicht.

Der verlorene Hirt

Vorlesezeit: 6 Minuten
Themen: Sehnsucht, Mut, Glaube, Nachfolge

Das kleine Schaf Berber hatte ein kuscheliges, dichtes Fell und sah aus wie eine weiße Wollewolke auf vier Beinen. Es hatte eindeutig das dickste Fell von allen Schafen der Herde; in der ganzen Gruppe gab es niemand, der so gut gepolstert war wie das kleine Schaf Berber.

Dennoch war es empfindlicher und dünnhäutiger als die meisten seiner Mitschafe. Rempeleien und Seitenhiebe, wie sie im Zusammenleben der Schafe an der Tagesordnung waren, taten ihm besonders weh. Sie gingen ihm durch und durch ... bis auf den Grund seiner Seele – trotz der dichten, blonden Wollelockenpracht.

Der Schafhirt kannte jedes Schaf in- und auswendig; er liebte alle Lebewesen und jedes nach seiner Art. Das kleine Schaf Berber hatte er besonders ins Herz geschlossen, und weil der Hirte gütig und freundlich war, hielt sich das Schäfchen besonders gern in seiner Nähe auf. Wenn der Hirte das Schäfchen liebevoll anschaute und ihm sacht über den Rücken strich, fühlte es sich jedes Mal wie frisch gebadet und abfrottiert. Und wenn der Hirte ihm dann noch etwas Schönes, Ermutigendes sagte, war ihm, als würde es in einen weißen Bademantel mit Kapuze gehüllt, der ihn wärmte und vor Verletzungen schützte.

Eines Abends vor dem Einschlafen sah das kleine Schaf Berber, wie der Hirte am Kohlefeuer saß und in die Glut schaute. Es war eine kalte, sternenklare Nacht, die Herde hatte ihr Nachtquartier in der Weidelandschaft nahe dem großen Wald bezogen, die meisten Schafe schliefen schon. Die Schäferhunde lagen ausgestreckt neben der Feuerstelle. Das kleine Schaf blökte leise, ein-, zweimal. Es hoffte, der Hirt würde aufstehen und zu ihm kommen. Und tatsächlich, der Hirt erhob sich, kam zu dem kleinen Schaf, strich ihm über den Rücken und sagte ihm ein paar gute, freundliche Worte. Das kleine Schaf Berber schloss beruhigt die Augen und schlief ein. In der Nacht hatte es einen schrecklichen Traum. Es träumte, der Hirt sei in den großen Wald gegangen, zu den Wölfen, und nicht zurückgekehrt. Als es am Morgen erwachte, erschrak es. Der Hirt war tatsächlich nicht mehr da. Das kleine Schaf Berber schaute sich unruhig um, dann schlug es Alarm. Es blökte aufgeregt und sprang über die Weide, bis alle Schafe aufgesprungen waren und wild durcheinander liefen und auseinander liefen und die Schäferhunde bellend und kläffend versuchten, wieder Ordnung herzustellen.

Die Herde veranstaltete einen solchen Lärm, dass der Bauer vom Nachbarhof, der gerade die Kühe auf das Feld trieb, herübergelaufen kam, um nach dem Rechten zu sehen. Der Bauer rief die Leute aus dem Dorf zusammen, man fahndete eine Weile nach dem Hirten, doch als der Hirt verschwunden blieb, ließ man einen anderen Hirten für die Herde kommen.

Der neue Hirt machte seine Arbeit gut, er war geduldig und freundlich und weidete die Schafherde gewissenhaft. Dennoch vermisste das kleine Schaf Berber seinen Hirten. Warum hatten die Menschen aufgehört, nach ihm zu suchen, fragte es sich und nahm sich vor, dem Hirten selber nachzugehen. Aber dazu musste es durch den Wald, und in dem Wald lauerten die Wölfe … Das kleine Schaf Berber hatte eine Idee. Es beschloss, zu knurren wie die Wölfe und die Zähne zu fletschen wie sie, es wollte sich das Fell färben und den Wölfen drohen mit seinem Freund, dem Hirten, der ein viel größerer Wolf war als sie. Dann dachte es an den guten, freundlichen Hirten, der alles andere gewesen war als ein Wolf. Nein, das kleine Schaf Berber wollte kein Schaf im Wolfspelz sein. Statt des Wolfspelzes würde es den Mantel aus guten Worten anziehen, den ihm der Hirt geschenkt hatte. Es würde niemandem drohen. Ich suche meinen Hirten, der so gut zu mir gewesen ist und alle Lebewesen liebt, würde es sagen. Vielleicht werden sie mir glauben, dachte das kleine Schaf Berber, vielleicht werden sie sich gemeinsam mit mir auf die Suche machen. Wenn sie nun aber über mich herfallen, mich nicht ungeschoren davonkommen lassen? Das kleine Schaf Berber wollte das Risiko eingehen. Auch wenn es durch den Wald ging. Und wenn es seinen Hirten gefunden hätte und er womöglich verwundet wäre, es würde seinen Mantel in Stücke reißen und damit die Wunden des Freundes verbinden.

Das kleine Schaf Berber machte sich auf den Weg. Seine Sehnsucht war stärker als die Angst.

Von Traumwächtern, Enten und einem roten Bärchen

Geschichten für Kinder

Emma muss mal

Vorlesezeit: 6 Minuten
Themen: Angst, Mut, Freundschaft, Selbstbewusstsein

Emma muss mal ganz schnell auf die Toilette. Die anderen Kinder sind schon draußen im Garten. Aber Emma muss mal eben ganz schnell nochmal um die Ecke verschwinden. Emma saust zur rechten Toilette. Die ist schön groß und hell und hat das hohe Doppelfenster zum Garten und den Badewannenvorhang mit den bunten Kugelfischen darauf. Ups, – besetzt! Emma saust zur linken Toilette, die ist auch schön hell – und nicht besetzt. Emma schließt die Tür, sie zuppelt an ihrem Rock. Als sie auf die Toilettenbrille schaut, springt sie entsetzt zurück. Auf der Toilettenbrille hockt eine dicke, schwarze Ekel-Spinne. Emmas Herz schlägt ihr bis zum Hals. „Geh weg!", droht Emma der Spinne und starrt sie giftig an. O Schreck!, da läuft die Spinne auf Emma zu. Emma stolpert rückwärts über die weißen Fliesen nach draußen und donnert die Tür hinter sich zu. Jetzt steht Emma auf dem Flur und schwitzt. Ihre Stirnlocken sind ganz nass. Sie macht komische Verrenkungen und springt von einem Bein auf das andere. Emma eilt zu der rechten Toilette. So ein Pech, die ist immer noch verschlossen. Emma schleicht sich an die andere Toilette heran, sie öffnet die Tür ganz, ganz vorsichtig, nur einen winzigen Spalt breit und blinzelt hinein. Ojemine!, die schwarze, doofe Monsterspinne sitzt noch immer mitten auf der Toilettenbrille und ist inzwischen riesengroß geworden, so riesengroß wie Emmas Angst. Romms! Emma schlägt die Tür hastig zu. Jetzt steht sie wieder draußen und überlegt fieberhaft und windet und krümmt sich, denn Emma mussmalebenganzschnellnochmal um die Ecke verschwinden.

„Emma? Alles okay?", ruft Frau Langmut. „Wo steckst du denn?" Emma steckt in ihrer Angst und nun läuft die Angst über und die volle Blase auch. Emma steht kreideblass auf dem Flur mitten in einer Pfütze und aus ihren Augen kullern Tränen.

Jetzt ist Frau Langmut da und sieht das Malheur. „Na, Emma. Ist was danebengegangen?", fragt Frau Langmut und streicht Emma liebevoll über den Haarschopf. „Wart' mal, ich hole mir Handschuhe und Tücher und du holst dir einen Waschlappen und eine Ersatzhose, ja?" Emma nickt stumm, dann läuft sie in den Gruppenraum und kramt in ihrem Wäscheschrank. Frau Langmut hat die Angstpfütze aufgewischt und Emma hat sich umgezogen. Sie hat ganz heiße Wangen und mag Frau Langmut nicht in die Augen sehen. Emma schämt sich noch immer.

Frau Langmut geht vor Emma in die Hocke und fragt sie, warum Emma denn nicht zur Toilette gegangen ist. Dann steht Frau Langmut wieder auf und drückt die Klinke zur rechten Toilettentür herunter. „Klemmt. Müssen wir reparieren lassen", sagt Frau Langmut. Als Frau Langmut die linke, gefährliche Toilettentür ansteuert, kreischt Emma. Frau Langmut stutzt, dann öffnet sie neugierig die Tür. Inzwischen sind die Kinder von draußen hereingelaufen, weil die Emma so geschrien hat. Sie stehen nun alle versammelt um die Toilettenbrille, auf der noch immer die Spinne sitzt. „Süüüüß!", sagt Nele und kniet sich hin, um die Spinne genau in Augenschein zu nehmen. „Bäh, 'ne Spinne!", ruft Carla und dreht sich hastig weg. „Harmlos!", sagt Iris und winkt verächtlich ab. „Och, 'ne Spinne!", sagt auch Lars. Er ekelt sich ein bisschen, aber das gibt er nicht zu.

Emma mischt sich unter die Kinder. Jetzt ist die Spinne wieder ganz klein, wo Emmas Angst wieder ganz klein ist. Emma schaut von einem Kind zum anderen. Ihr Gesicht ist immer noch ganz heiß, plötzlich steht Nele neben ihr und legt den Arm um ihre Schulter.

Da freut sich Emma, und ihre Wangen werden noch ein bisschen röter. Nun überlegen alle, was sie mit der Spinne tun sollen. „Spülen wir sie halt runter", schlägt Lars vor. Aber Frau Langmut und die meisten Kinder sind dagegen. Frau Langmut erklärt den Kindern, dass Spinnen sehr nützliche Tiere sind. Sie geht in die Küche, einen Pappdeckel und ein Wasserglas holen, um die Spinne ins Freie zu tragen. Und wie die Kinder auf Frau Langmut warten und so um die Spinne herumstehen, rennt die Spinne auf einmal weg und verschwindet durch eine Wandritze. Zack, weg ist sie.

Etwas später laufen alle wieder in den Garten. Basteln fällt heute aus. Stattdessen krabbeln die Kinder über den Rasen und spielen Toilettenspinne mit langen Spinnenbeinen. Nach dem Abendessen setzt sich Frau Langmut zu Emma und spricht mit ihr. Und Emma hört gut zu: Wenn Emma mal muss, dann muss sie, sagt Frau Langmut. Klarer Fall. Aber eines muss Emma nicht. Emma muss nicht mit allem allein fertig werden. Sie darf sagen, wenn sie Angst hat. Sie darf sich Hilfe holen, wenn es mal irgendwo klemmt. Emma muss sich auch nicht schämen, wenn mal was danebengeht.

Vor allem muss Emma nicht meinen, dass nur sie alleine Angst hat. Angst haben alle Menschen, große und kleine.

Heute hat die Emma viel gelernt. Nützliche Tiere, die Spinnen.

Und morgen darf sie wieder in den Kindergarten.

Dana wünscht sich Stöckelschuhe

Vorlesezeit: 10 Minuten
Themen: Selbstbewusstsein, Stolz, Schönheit, Eitelkeit

Dana hatte die schönsten Füße der Welt. Das jedenfalls fand der Waldsee, auf dem Dana sommers wie winters herumpaddelte. Der See musste es wissen, er war in seinem langen Leben mit vielerlei Füßen in Berührung bekommen. Mit sauberen und schmutzigen Füßen, mit müdegelaufenen Greisenfüßen und noch nicht eingelaufenen Babyfüßen, mit großen oder kleinen Füßen. Mit Füßen, die auf rauen oder zarten Sohlen daherkamen. Aber noch nie hatte er so schöne breite und flache Watschelfüße gesehen wie die von der Ente Dana.

Sie passten so wundervoll zu ihrer Gesamterscheinung. Dana trug ein hellbraun gesprenkeltes, schlichtes Federkleid, das immer sauber und adrett war, obwohl sie es nicht täglich wechselte. Wenn Dana aus dem Wasser trat, um vom frisch sprießenden Grün zu naschen, bewegte sie sich auf ihren Watschelfüßen leicht schwankend über die Uferfläche und wiegte sich sanft in den Hüften. „Kwak. Kwak", sagte Dana, und das klang jedes Mal wie „Tag! Tag!", fast ein bisschen frech, aber Dana wollte keine langen Reden halten. Sie war direkt. Sie liebte kurze Wege. Kurze Kommunikationswege und kurze Landwege. Sie hatte ja auch kurze Beine. Hin und wieder machte Dana einen Kopfstand unter Wasser und ruderte und paddelte mit ihren Beinen in der Luft. Der Waldsee fand, dass Dana einen ebenso frechen Schnabel hatte wie schöne Watschelfüße, auf die er während ihrer tiefgründigen Kopfstände leider kurzfristig verzichten musste. Zumeist hielt Dana sich an ihrer Lieblingsbade- und Landungsstelle auf, abseits der anderen Wasservögel. Die Masse lag ihr nicht. Dana war eine Einzelschwimmerin und Einzelgängerin. Ihr engster Freund und Ratgeber war der Wind. Wenn Dana sich über etwas schrecklich aufplusterte, was selten genug vorkam, hörte ihr der Wind aufmerksam und geduldig zu, und mit ein paar klugen Sätzen hatte er ihr hellbraun gesprenkeltes Gefieder in Windeseile wieder geglättet.

Eines Tages stellten zwei Waldarbeiter eine Sitzbank vor Danas Lieblingsbade- und Landungsstelle auf. Die Spaziergänger und Wanderer freuten sich, an diesem schönen Fleckchen Erde bequem Platz nehmen zu dürfen und ein paar Minuten zu verweilen. Sie genossen die gute Luft und den Schatten der Bäume und die herrliche Aussicht auf das klare, smaragdgrüne Wasser. Manche von ihnen machten hier Rast und aßen ihre belegten Brote und süßen Kuchenteilchen. Dana probierte von den Krümelchen, die auf den Boden fielen.

Lecker!, dachte sie. Bislang hatte sie pflanzliche Nahrung bevorzugt – hin und wieder ein paar Insekten und Larven – nun erweiterte sie ihren Speiseplan um zuckerhaltige Getreideprodukte, was ihrem Entenmagen gar nicht gut bekam. Dana nahm an Gewicht zu und das Lieblingskleid wurde ihr ein bisschen eng. Manchmal saßen Liebespaare auf der Bank und hielten Händchen und küssten sich. Von dem Geschmuse fiel aber nichts ab für Dana, und es war ihr auch eher peinlich. „Kwak, Kwak", sagte sie dann verlegen und glitt diskret in den See.

Mit der Zeit gewöhnte sich Dana an die Spaziergänger und Urlauber. Sie wurde zutraulicher und begann, jeden in ihrer Umgebung zu grüßen. Auch die kleine graue Feldmaus, die von den anderen meistens übersehen wurde. Dana fand, das gehörte sich, und sie wollte auf gutem Fuß mit den Waldbewohnern und Waldbesuchern stehen. Auf schönem Fuß stand sie ja eh, meinte der Waldsee.

Eines Nachmittags im Sommer setzte sich eine Frau mit ihrer Tochter auf die Besucherbank. Die Frau zündete sich eine Zigarette an und das Mädchen knabberte an seinen Fingernägeln. Dana watschelte auf die beiden zu, um sie zu begrüßen. „Kwak", sagte Dana. „Guck mal, Mäuschen", lachte die Frau. „Die Ente. Wie die watschelt. Sieht das nicht urkomisch aus?"

Die Frau lachte ein ungutes Lachen, und Dana blieb das „Kwak." im Halse stecken. „Putt, putt, putt", machte die Frau. „Patsch, patsch, patsch." Dana stand da wie angewurzelt und starrte die Frau an. „Komm, Mäuschen, die ist dumm!", sagte die Frau und zog ihre Tochter von der Bank. Dana beschaute die Frau vorsichtig von oben bis unten. Die Frau trug ein schickes rot-weißes Kostüm, sie hatte sehr lange Beine und ihre sehr schmalen Füße steckten in sehr hohen weißen Stöckelschuhen. Sie schritt sehr langsam und elegant und mit erhobenem Kopf am Ufer entlang. „Kwak. Kwak", sagte Dana betont hochmütig, was so viel wie „Guten Tag auch!" heißen sollte. Dann rutschte sie ins Wasser und schwamm ganz weit hinaus. Sie brauchte jetzt dringend Abstand vom Ufer und seinen Besuchern.

Von diesem Moment an sehnte sich Dana danach, hohe Stöckelschuhe zu tragen wie die weiß-rot kostümierte Frau, in denen sie herumstolzieren konnte wie eine Primavera oder so. Jede Nacht träumte Dana davon. Sie blieb nun am liebsten im Wasser. An Land ging sie so gut wie gar nicht mehr. Sie mied ihren Lieblingsbade- und Landungsplatz. Was, wenn die schicke Frau mit dem unguten Lachen wieder auftauchen würde? Wenigstens aß Dana die ungesunden Brot- und Kuchenkrumen nicht mehr. Den anderen Wasservögeln schwamm sie aus dem Weg. Selbst ihrem Freund, dem Wind, wich sie aus, sie hielt sich am liebsten in windstillen Gegenden auf. Der Waldsee wurde still und traurig und sein bisher klares Wasser nahm eine schwache Trübung an.

Es war an einem Herbstnachmittag, Dana schaukelte wieder einmal allein in einer verlassenen Bucht auf dem Waldsee, als der Wind sie sah und sich ihr behutsam näherte. Der Wind sprach Dana leise an. Vielleicht konnte er ihr gut zureden, bisher hatte sie doch immer auf ihn gehört.

Dana behandelte den Wind, als wäre er Luft. „Kwak", sagte sie betont hochmütig und drehte sich weg. Dem Wind verschlug es den Atem und dann reichte es ihm. Er musste seinem lang aufgestauten Ärger Luft machen und raste zum Waldsee. „Wir müssen unsere Freundin aus ihrer Verblendung aufrütteln", tobte der Wind. „Sie haben ja recht, mein lieber Windfried", entgegnete der Waldsee. „Aber ob wir etwas ausrichten können? Sie ist so trotzig in ihrem verletzten Stolz." Der Wind gab keine Ruhe. Je länger er auf den Waldsee einstürmte, desto aufgewühlter war nun auch der See. Die beiden schaukelten sich förmlich aneinander hoch.

„Kwak", sagte Dana, was soviel hieß wie „Huch!" Der See begann zu rollen, hohe Wellenberge türmten sich auf. So einen starken Seegang hatte sie bislang nicht erlebt. Nichts wie zurück an Land, dachte sie. Aber das Ufer war weit. Die Spaziergänger und Wanderer sahen zu, dass sie schnell irgendwo Unterschlupf fanden. Die Skipper holten die Segel ein. Dana war ganz allein auf dem Wasser und sie hielt sich gut auf dem schäumendem Waldsee, sie war eine sichere und exzellente Schwimmerin, das hätte sie gar nicht von

sich gedacht. Dank der Schwimmhäute ihrer Paddel-
füße kam sie schnell voran. Huiii!, eine Windböe und
eine Rückenwelle und noch eine und huiii und
schwupps! war Dana ans Ufer gespült. „Kwak", sagte
Dana, was soviel hieß wie „na also!" Sie befand sich genau an ihrer Lieblingsbade- und Landungsstelle.
„Komm rasch, Mäuschen. Schnell ins Auto!", hörte
sie eine Stimme, die ihr bekannt vorkam: Die rot-weiße
Frau war wieder da. Allerdings trug sie jetzt einen
schwarz-weiß karierten Mantel. Die Frau hatte bis
eben mit ihrer Tochter auf der Bank gesessen, dann
war dieser schreckliche Wind aufgekommen. Aus hei-
terem Himmel. Nun stolperte sie – ihre Tochter wenige
Schritte hinter sich – am Ufer entlang Richtung Park-
platz. Dana schaute verdutzt. Wie unsicher die Frau
auf den hohen Schuhen war, beim Laufen schienen die
Highheels hinderlich zu sein.

Oh, jetzt knickte sie sogar um. Huch, und jetzt schleu-
derte sie im Laufen einen Schuh von sich und da, eine
Welle, und der Schuh wurde vom Waldsee geschluckt.
„Mist!", rief die Frau und zog den anderen Schuh vom
Fuß. Sie lief nun barfuß. Dana schaute langsam an der
Frau herunter. Die Arme hatte ja ganz verformte Füße,
wahrscheinlich die Folge zu engen Schuhwerks.
Dana watschelte am Ufer entlang und ging ein paar
Schritte auf und ab. Dann flatterte sie auf die Bank.
Dort saß sie eine Weile und baumelte mit den Beinen
und beschaute sich zum ersten Mal und sehr eingehend

ihre Watschelfüße. Erst den rechten, dann den linken. Dann umgekehrt. „Kwak", sagte Dana. Plötzlich hauchte ihr jemand ins Gefieder. „Darf ich?", fragte der Wind. Dana rutschte etwas zur Seite. Der Wind summte ein Lied. „Tut mir leid, manchmal bin ich etwas aufbrausend", sagte er. „Kwak", sagte Dana, was soviel hieß wie „na gut". Wie ruhig der See liegt, dachte der Wind. Gott sei Dank, auch sein Ärger hatte sich wieder gelegt. „Bald kommt der Frühling", sagte der Wind.

Der Frühling kam. Und mit dem Frühling kam noch jemand. Dahergelaufen auf den zweitschönsten Watschelfüßen der Welt, wie der Waldsee fand. Aber das ist eine neue Geschichte von Dana. Und eine Liebesgeschichte dazu.

Paulas Sonne

Vorlesezeit: 10 Minuten
Themen: Urlaub, Langeweile, Mut, Zuversicht, Spielen, Sonne

„Morgen bin ich bestimmt wieder auf dem Damm, Liebes!", sagte Paulas Mutter heiser und schaute trübsinnig zum Doktor, der das Fieberthermometer mit ein paar kräftigen Handbewegungen herunterschlug. „Na ja …", brummte der Doktor gemütlich, „zwei, drei Tage werden Sie sich schon noch gedulden müssen, Frau Klaasen, so eine Sommergrippe soll man nicht auf die leichte Schulter nehmen!"

Paula lehnte in der Zimmertür. So hatte sie sich ihre Ferien an der See nicht vorgestellt. Ihr Blick fiel auf das Reisegepäck. Zu Hause beim Kofferpacken hatten Mami und sie noch Nordseelieder gesungen. „Zwei Wochen für uns!", hatte Mami gesagt und sie fest an sich gedrückt. „Jetzt können wir all das machen, wozu wir Lust haben: Radfahren, Wattwandern, Strandburgen bauen, Krabben puhlen, vielleicht sogar im Meer schwimmen. Oder einfach im Strandkorb sitzen und in die Sonne blinzeln." Pustekuchen! Mami konnte ja nicht einmal die Augen offen halten.

Paula schielte aus dem Fenster. Wie warm das Wasser jetzt wohl war? Mami und sie hatten doch gleich nach ihrer Ankunft an den Strand hinunterlaufen wollen. Paula ließ den Kopf hängen und schaute auf den Boden. Ein Sonnenstrahl huschte über das Parkett. Jetzt schlich sich der Strahl an den kleinen, dicken Doktor heran. „Bitte mal den Mund öffnen und Aaa sagen." Der Doktor griff nach einem Holzstab, als ihn etwas in der Nase kitzelte. Haatschiii …! Der Doktor nieste dreimal laut. „Gesundheit!", sagte Paulas Mutter schwach und schaute besorgt zu dem Doktor auf. „Sie werden sich doch wohl nicht angesteckt haben, Herr Doktor!"

„Na, so schnell geht das auch wieder nicht, Frau Klaasen, Gott sei Dank!", sagte der Doktor und zog ein Taschentuch aus seiner Jacke. Paulas Mutter seufzte. „Das war aber ein Seufzer!", murmelte die Sonne und blinzelte neugierig in das Krankenbett. „Anscheinend krank, die Gute." Die Sonne interessierte sich brennend für alle Neuankömmlinge. Aha, der runde, kleine Herr auf dem Frisierstuhl vor der Kommode kritzelte etwas auf ein Blatt Papier. Die Kleine mit dem Schmollmund stand noch immer in der Tür, und das Gesicht der jungen Frau in dem großen Bett war rot wie eine reife Tomate. „Das kann ja heiter werden …!", dachte die Sonne.

Der Doktor erhob sich schwerfällig. „Ich spreche gleich mal mit Ihrer Wirtin, damit sie sich ein bisschen um sie beide kümmert! Kopf hoch. Das wird schon!", sagte der Doktor und klopfte Paula auf die Schulter.

Frau Lütjohann war eine nette Wirtin. Sie holte den Hustensaft und das Fiebermittel aus der Apotheke. Sie lüftete das Zimmer und packte die Koffer aus. Mittags trug sie zwei Teller Kraftbrühe aufs Zimmer. „Werden Sie erst mal wieder richtig gesund, Frau Klaasen", sagte sie. „Alles andere läuft sich schon zurecht. Wenn Paula mag, zeig ich ihr gleich noch den Strand. Viel ist bei uns nicht los. Vorsaison. Aber den ganzen Tag auf dem Zimmer hocken, das ist doch nichts." Paula holte ihren kleinen roten Strandeimer aus ihrem Zimmer und trottete hinter Frau Lütjohann her.

Das Ferien-Appartement lag direkt am Wasser. Paula und Frau Lütjohann mussten nur die Straße überqueren, schon waren sie am Strand.

„Siehst du, es ist nicht weit. Bleib schön hier in der Nähe, dann kann ich dich gut von meinem Küchenfenster aus sehen", sagte die Frau. Dann tätschelte sie Paulas Wange und ging.

Paula schaute sich um. Fast alle Strandkörbe standen leer. Auf den Wellen schaukelte ein Schwanenpaar. Ein Dackel bellte die Schwäne an und lief aufgeregt am Ufer hin und her. Die Sonne stand hoch am Himmel, ein leichter Wind wehte.

Paula ließ den Eimer in den Sand fallen. Plötzlich wurde sie von etwas geblendet. Paula blinzelte und schaute nach oben in den Himmel. Die Sonne krümmte ein paar ihrer Strahlen zu einem schüchternen Winken. „Halli hallo!", sagte die Sonne „Schönes Wetter heute, nicht? Wir hier oben geben uns große Mühe!" „Na und? Mir doch egal!", sagte Paula und schwenkte ihren roten Plastikeimer, in dem die Schaufel und das Sieb klapperten. „Was, dir ist egal, wie das Wetter ist?", fragte die Sonne fassungslos. „Ich dachte immer, Kinder lieben schönes Wetter? Da können sie doch prima draußen spielen!" „Und mit wem soll ich bitte schön spielen?" fragte Paula. „Hast du denn keine Geschwister oder Freunde?", fragte die Sonne.

„Nein", sagte Paula. „Ich bin hier fremd. Und ich bin solo. Wenn du es genau wissen willst: Meine Eltern sind geschieden und ich bin Einzelkind." „Ich bin auch ein Einzelkind", sagte die Sonne. Aber Paula hörte ihr nicht zu.

„Hörst du, ich bin auch ein Einzelkind …", begann die Sonne von Neuem.

Paula gab keine Antwort. „Hey, blendende Idee!", rief die Sonne, „lass uns etwas zusammen spielen!" Paula setzte ihre Sonnenbrille auf und starrte aufs Wasser. Schade, die Schwäne waren fort. „Vielleicht Schattenboxen?", fragte die Sonne fröhlich. Paula sprang auf. „Was soll ich bitte schön mit dir spielen?", rief sie wütend. „Kannst du vielleicht Rad fahren, Krabben puhlen, Sandburgen bauen? Mit dir kann ich ja noch nicht einmal ein Lagerfeuer anzünden. Nachts schläfst du ja immer!" Paula schaute noch einmal aufs Meer. „Wenn du wenigstens schwimmen könntest …!"

Die Sonne zog sich zurück. Der Himmel verdunkelte sich. Eine leichte Brise zog auf. „Jetzt ist sie weg, auch gut!", murmelte Paula und nahm ihren Plastikeimer. Eine Schwanenfeder wurde ans Ufer gespült. Paula hob sie auf und machte sich auf den Weg zurück ins Ferienhaus.

Für den Abend hatte Frau Lütjohann ein paar belegte Brote vorbereitet. Paula hatte keinen Appetit. Sie setzte sich ans Fenster und schaute hinaus. Wo die Sonne jetzt wohl war?

„Halli hallo?", rief Paula. Die Straßenlaternen warfen ein mattes Licht auf die verlassene Strandpromenade. Das Meer war schon fast nicht mehr zu erkennen. Vom Zimmer der Mutter drang ein Husten und Prusten zu ihr herüber. Paula legte sich schlafen.

In der Nacht träumte Paula von der Sonne. „Ich will doch mal sehen, ob ich nicht doch schwimmen kann", sagte die Sonne trotzig. Sie stand am Horizont, dort, wo das Meer am tiefsten ist, und trug ein prächtiges, rotes Abendkleid und schritt langsam und vorsichtig den Himmel hinunter. „Nicht!", rief Paula und lief den Strand hinunter. „Du kannst nicht schwimmen! Du wirst für immer untergehen!"

Aber die Sonne hörte Paula nicht. „Halt. Nicht untergehen!", rief Paula noch einmal. Aber da war die Sonne schon im Meer versunken. Die rote Schleppe auf dem Wasser war das Letzte, was Paula von ihr sah.

„Arme Paula, heute ist aber ein trüber Tag!", sagte Paulas Mutter am nächsten Morgen und reckte den Hals Richtung Fenster. „Die Sonne lässt sich ja überhaupt nicht blicken." „Hm", machte Paula und schlich zum Strand.

Die Sonne war nicht wieder aufgetaucht. Auch das Schwanenpaar ließ sich nicht wieder blicken. Stattdessen breitete sich eine graue Wolkendecke am Himmel aus. Paula fasste in ihre Jackentasche und fühlte etwas Hauchzartes in ihrer Hand. Die kleine, weiße Schwanenfeder. Paula pustete sie vorsichtig in die Luft. Die Feder tanzte den grauen Himmel hinauf. Das Mädchen sah ihr eine Weile hinterher. Dann trottete sie über die Strandpromenade nach Haus. Als sie den Schlüssel in das Türschloss stecken wollte, nieste jemand. Paula schaute sich um. Niemand zu sehen. Noch einmal. „Hatschi!" Paula blickte nach links, nach rechts, nach oben. Ein Wolkenvorhang öffnete sich. „Ha, hab' ich mich doch verraten! Diese Schwanenfederallergie", lachte die Sonne. „Okay, du hast mich gefunden! Jetzt darfst du dich verstecken."

„Magst du denn noch mit mir spielen?", fragte Paula.

„Und ob. Ich brenne darauf!", lachte die Sonne. Dann überlegte sie. „Aber vielleicht nicht Verstecken. Ich weiß was Besseres. Wir besuchen deine Mutter und locken sie auf die Terrasse hinaus und heitern sie ein bisschen auf."

Drei Tage später war Paulas Mutter wieder auf dem Damm – ... auf dem Deich. Zusammen mit Paula und der Sonne radelten sie in das benachbarte Fischerdorf, um Krabben zu kaufen.

Die Sonne fuhr munter voran. Übrigens freihändig.

Träum gut, alte Stadt

Vorlesezeit: 3 Minuten
Themen: Gutenacht-Geschichte, Schutz, Vertrauen, Engel, Schlaf

„Was für eine schöne, klare Nacht!", sagte der Mond zu seinen Schützlingen. „Da haben wir eine richtig gute Sicht auf die Träume." „Endlich Ruhe!", murmelte die alte Stadt dem Mond und den Sternen zu und gähnte. „Gute Nacht zusammen!" Stella räusperte sich nervös. Ob die anderen Sternenkinder merkten, dass sie aufgeregt war? Heute durfte Stella zum ersten Mal in ihrer Klasse die Aufsicht über die Träume der ehrwürdigen Stadt leiten. Stella schaute hinunter in das Gesicht der lieben alten Dame; ach je, die Gute, jetzt wurden ihre Augenlider immer schwerer. Hin und wieder surrte ein Auto durch ihre Straßen oder ein Bus, in den Restaurants wurden die Stühle hochgestellt, wenige Fußgänger waren noch unterwegs, in den Häusern gingen nach und nach die Lichter aus. Die Stadt stieg in ihren Seidenpyjama und legte sich auf die karierte Tagesdecke, denn heute war ein karierter Tag gewesen. Die Stadt hatte für jeden Tag eine extra Decke. Sage und schreibe dreihundertfünfundsechzig Tagesdecken besaß die Stadt, und keine war wie die andere. Jede hatte eine andere Farbe und ein anderes Muster. Und das Tollste: Jeden Tag bekam sie eine neue von ihrer Freundin, Frau Wolle. Die alte Stadt drehte sich noch einmal um, sie atmete ruhig und gleichmäßig, jetzt fielen ihr die Lider zu, und die Menschen, die in ihr lebten, wurden genauso müde und legten sich schlafen.

„Okay, jetzt sind wir dran", sagte Stella zu ihren KlassenkameradInnen. „Gut aufpassen. Wenn ein Alptraum auftaucht, sofort eingreifen!" Dann machte sie eine Pause und sah sich um. „Wer von euch weiß noch, woran wir einen Alptraum erkennen?", fragte sie. Der kleine Pegasus meldete sich und schnippste aufgeregt mit den Fingern. „Ein Alptraum-Ballon leuchtet nicht und duftet nicht und lächelt nicht." Der kleine Pegasus schluckte. „Im Gegenteil ...", fügte er hinzu. „So ist es", sagte Stella. „Wer einen Alptraumballon sichtet, hat sofort Meldung zu machen. Ein Pieks unserer Spitzen genügt – und peng ist der böse Traum geplatzt." Nun meldete sich auch noch einmal der Mond zu Wort. „Sehr gut! Dann wollen wir jetzt Wache halten. Und wer ein paar schöne Träume zu sehen bekommt, darf sie den anderen morgen früh weitererzählen."

Und genauso, wie der Mond und die Sterne auf die
Träume der alten, guten Stadt aufpassen,
genauso geben der Mond
und die Sterne
auch auf eure Träume
gut acht.
Darum. Schlaft schön. Gute Nacht!

Brombärchen

Vorlesezeit: 20 Minuten
Themen: Selbstbewusstsein, Anders sein, Mut, Vertrauen,
Außenseiter, Familie

Als Bärbel, die kleine Braunbärin, zur Welt kam, staunten die Eltern. Bärbels Fell war irgendwie alles andere als braun. Rotbraun vielleicht? Mutter Bär und Vater Bär rieben sich die erstaunten Augen. Sie knipsten das Oberlicht in der Bärenhöhle an und warteten, bis die 60-Watt-Sparlampe den Raum erhellt hatte. Erdbeer ...? Hm ... Die Bäreneltern trugen den Korb mit dem Baby nach draußen in den strahlenden Wintermorgen. Ehe sie sichs versahen, traf sie ein greller Lichtstrahl. Der Tag war gerade dabei, einen herrlichen Naturfilm zu drehen und hatte die Sonne als Oberbeleuchterin engagiert. Spot on!, rief sie und richtete einen ihrer Scheinwerfer direkt auf das Körbchen. Alle hielten den Atem an. Dieses schnuckelige Bärenkind war tatsächlich von Kopf bis Fuß, von vorne bis hinten, an Bauch, Rücken, Armen und Beinen und Po in ein bezaubernd brombeerrotes Zottelfell gekleidet. „Um das mal ins rechte Licht zu rücken!", rief die Sonne.

Die Bäreneltern wollten es nicht glauben. Mutter Bär lief in die Bärenhöhle und holte ein Duschhandtuch und rubbelte Bärbel das Fell trocken. Vater Bär nahm das Duschhandtuch und frottierte kräftig nach. Sie konnten machen, was sie wollten. Sie konnten rubbeln, wie sie wollten. Bärbel behielt ein brombeerrotes Fell. Mutter Bär kratzte sich am Kopf. Vater Bär kratzte sich am Kopf. Beide zuckten mit den Achseln und neigten sich über den Tragekorb. Bärbel öffnete die Augen und gluckste. Da klatschten Mutter Bär und Vater Bär in die Hände und riefen: „Eine waschechte Überraschung!"

Ein paar Tage nach Bärbels Geburt kam die Verwandtschaft zu Besuch, um den Familienzuwachs willkommen zu heißen. Tante Margot und Onkel Bodo und Cousine Ursula beugten sich über Bärbels Bett. „Vielleicht gibt sich das ja noch mit dem Brombeerrot", sagte die Tante. „Hm", brummte Mutter Bär. Obwohl Bärbel ein brombeerrotes Fell hatte, war sie eine kleine Braunbärin wie alle anderen auch. Sie aß, was alle Braunbären-Kinder essen. Am liebsten alles. Und wie alle Bärenkinder war Bärbel ganz versessen auf Honig. Dafür nahm sie sogar Bienenstiche in Kauf. Die echten, nicht die nachgemachten vom Bäcker.

Sie liebte es, auf den Gebirgswiesen herumzutollen und im Wald Verstecken zu spielen oder Pilze zu sammeln. Hin und wieder ging sie mit Vater Bär zum Fischen. Flussaufwärts. Dort gab es Lachse im Überfluss.

Und wie alle Bärenkinder hatte sie Angst vor dem Bärenjäger.

„Och, da musst Du doch keine Angst haben", sagte Onkel Bodo, als er und Tante Margot und Cousine Ursula wieder einmal zu Besuch waren. „Unser graubraunes Fell fällt doch gar nicht auf in der waldigen, bergigen Landschaft." Er hatte den Satz noch nicht beendet, da knuffte ihn Tante Margot in die Seite und Onkel Bodo biss sich erschrocken auf die Unterlippe und Cousine Ursula schielte scheu auf Bärbels brombeerrotes Fell. Aber Bärbel war längst davon gehüpft. Onkel und Tante schauten dem Springinsfeld nachdenklich hinterher.

Als Bärbel abends in ihrem Kinderbett lag und schlief, tagte der Familienrat im Zimmer nebenan, alle einmal rund um den runden Wohnzimmertisch. „Meine Lieben, zur Abwechslung haben wir mal ein Problem, das wir bisher nicht hatten", begann Tante Margot ernst. „Bärbels Fell ist nicht ohne ... –" Sie schwieg betreten. „... Signalwirkung", fügte sie hinzu. „Ihr wisst, was Margot meint", brummte Onkel Bodo und biss sich verlegen auf die Unterlippe. „Wir können sie aber nicht verstecken", brummte Mutter Bär. „Kommt gar nicht in Frage", brummte Vater Bär und schaute grimmig auf seine Schwester Margot. „Vielleicht gibt sich das ja noch mit dem Brombeerrot ...", lenkte Tante Margot ein. „... wenn Bärbel in die Pubertät kommt." „Wäre aber jammerschade", sagte Cousine Ursula. „Finden wir auch!", riefen Mutter und Vater Bär wie aus einem Munde. „Unsere Bärbel ist in Ordnung, so wie sie ist. Sie soll nicht das Gefühl haben, etwas stimmt nicht mit ihr. Bärenjäger hin oder her." Prompt ging die Kinderzimmertür auf und Bärbel tappte schlaftrunken ins Wohnzimmer. Sie hatte schlecht geträumt. Vom Bärenjäger. „Siehste!", flüsterte Tante Margot. Mutter Bär stand auf und nahm Bärbel in die Arme. „Was ein Kindlein haben muss ... bei Verdruss ... ist ein Kuss!", reimte sie und küsste ihr Töchterchen auf die Stirn. „So, ich bringe dich jetzt ins Bett", summte Mutter Bär. „Ich glaube, wir sind alle übermüdet", brummte Onkel Bodo. „Es ist höchste Zeit, dass wir nach Hause gehen. Wir sollten uns hinlegen und ein halbes Jahr über die Sache schlafen. Im nächsten Frühling sieht die Welt schon anders aus."

„Komm, Bodo", sagte Tante Margot.

Familie Braunbär begab sich zur Winterruhe. Das heißt, sie mussten noch ihre Höhlenwohnungen winterfest machen. Aber das war reine Routine. Wie jedes Jahr dichteten sie die Wände mit Heu, Stroh und Wolle gegen die Kälte ab und stellten die Heizungen und die eigene Körpertemperatur auf niedrigste Stufe. „Energiespar-Modus." Dann verriegelten sie die Eingangstür, stöpselten das Telefon aus, wünschten einander „Gute Winterruhe", rollten sich in die Betten und blieben dort wochenlang im Halbschlaf liegen. Nicht einmal zum Essen standen sie auf, denn sie lebten von ihren Fettreserven, die sie sich im Herbst angefuttert hatten.

So würden sie sich auch die Frühjahrsdiät sparen. Praktisch!

Nachdem sie ein paar Monate halbwegs durchgeschlafen hatten und es draußen deutlich wärmer geworden war und die Amseln zwitscherten und die Frösche quakten, wurden sie wieder munter. Nach und nach öffneten sie die Augen, setzten sich auf die Bettkanten, reckten und streckten sich, gähnten und torkelten schlaftrunken zur Eingangstür. Ja, sie hatten richtig gehört, der Frühling stand vor Tür in einem farbenprächtigen Kostüm und sang sein Minne-Maienlied und verstreute Blumen in allen Variationen – und dazu Düfte Ton in Ton. Wer wollte da zu Hause im Bett bleiben? Bärbel sprang durch die Löwenzahnwiese und über die blühenden Krokusse und sammelte Kräuter zur Auffrischung der nach-winterlichen Küche. Bärlauch war ihr liebstes Kraut. Während der Winterruhe hatte sie etwas Babyspeck verloren, sie war ein Stückchen gewachsen und wurde ihren Eltern immer ähnlicher. Übrigens hatte sich auch die Farbe ihres Felles verändert …

Am ersten Frühlingssonntag feierte Familie Bär traditionell das Ende der Winterruhe. Die Wetterfrösche hatten ideales Grillwetter vorausgequakt und tatsächlich kletterten die Temperaturen in die Höhe. Ein leichter Wind wehte, die Sonne fächelte sich etwas Luft zu und bewegte die Wolken dazu, sich zu verziehen, bis

die Szene „wolkenloser Abendhimmel über der Bergwiese" abgedreht war. Vater Bär und Mutter Bär hatten
Bierbänke im Garten aufgestellt und Lampions in die
Bergkiefern gehängt und nun stand Vater Bär am Grill
und wendete den frisch gefangenen Wildlachs. Mutter
Bär legte ein paar Folienkartoffeln und Folientomaten
dazu und Bärbel saß am Tisch und schnippelte Zwiebel
und Knoblauchzehen und den Bärlauch, der nicht feh-
len durfte. Jetzt lief sie rasch in die Höhle, um den
Honigwein zu holen. Gleich würden Tante Margot,
Onkel Bodo und Ursula kommen. Mutter Bär horchte
auf ihre innere Uhr, dann legte sie eine Hand an die
Stirn und schaute angestrengt in die Ferne. Na also, da
hinten kamen Margot und Bodo über die Bergwiese
und winkten stürmisch. „Juhu!", rief Tante Margot
und schwang ein großes Paket. „Kinder, Kinder. Das
riecht aber gut!", schwärmte Onkel Bodo schon von
weitem. Ursula fehlte.

Ein paar Minuten später fielen sich alle in die Arme.
Onkel Bodo klopfte Vater Bär anerkennend auf die
Schulter und deutete auf den Wildlachs. „Bärbels erster
großer Fisch!", sagte Vater Bär stolz. Tante Margot
schaute sich um. „Wo ist sie denn?", fragte sie. Und
wie sieht sie denn aus, wollte Tante Margot noch ergän-
zen, aber da sprang Bärbel schon aus der Höhle mit
zwei Flaschen Honigwein. „Gut sieht sie aus!", rief
Tante Margot erschrocken und schaute irritiert auf das
leuchtende Brombeerrot von Bärbels Fell, das während
der Winterruhe noch intensiver geworden war.

„Hallo, Tante Margot", lächelte Bärbel und stellte die Flaschen Honigwein ab und umarmte ihre Tante. „Wo ist denn Ursula?" „Die kommt nach. Ach, da fällt mir ein. Ich habe ja etwas dabei ..."

Tante Margot drehte sich um und griff nach dem Paket, das sie mitgebracht hatte und hielt es Bärbel hin. „Für dich", sagte sie. „Pack gleich mal aus." – „Später, Margot. Jetzt essen wir erst einmal etwas", protestierte Mutter Bär. „Setzt euch doch. Und wo bleibt denn Ursula?" „Die kommt nach", meinte Tante Margot.

„Bin schon da!", hörten sie die Nachzüglerin rufen. Zu sehen war sie aber nicht. Offensichtlich versteckte sie sich hinter einer der Bergkiefern. „Nun mach nicht solche Faxen, komm an den Tisch, der Fisch wird kalt ...", schimpfte Tante Margot, „und dein Vater möchte einen Frühlings-Toast aussprechen." Tante Margot erhob ihr Glas und schaute Onkel Bodo freundlich und erwartungsvoll an. Ursula sprang hinter der Kiefer hervor, griff sich ein Glas und stellte sich neben ihren Vater.

„Überraschung!", rief sie. Tante Margot ließ ihr Glas auf die Tischplatte fallen und starrte ihre Tochter an. Keiner sagte ein Wort. „Bodo, nun bromm ..., nun brumm *du* doch mal was!", sagte Tante Margot. „Prost!", brummte Onkel Bodo. „Auf den Frühling!" „Und die schönen Farben!", rief Bärbel glücklich und zeigte auf die Krokusse im Garten. „Ach, mein Schatz!", sagte Mutter Bär überschwänglich und nahm ihre Tochter in den Arm. „Brombärchen!", murmelte Vater Bär gerührt. „Ich find's klasse!", rief Ursula. Nur Tante Margot schwieg und stierte auf das Fell ihrer Tochter.

Nun waren es also schon zwei in der Familie … Das Brombeerrot war allerdings nicht über Ursula gekommen wie Scharlach oder Masern, es war weder ansteckend noch eine Folge der Pubertät. Ursula hatte sich einfach ein längeres Pflanzenfarben-Vollbad gegönnt – aus brombeerrotem Rittersporn und Klatschmohn, die in der Region wucherten wie Unkraut. Mit der Zeit würde sich die Farbe wieder aus dem Fell herauswaschen. „Leider!", sagte Ursula. „Nur eine Tönung. Kein so schöner Naturton wie bei Bärbel."

„Prost!", sagte Tante Margot und goss sich ein zweites Glas Honigwein ein. Wie sie die farbenfrohen Cousinen einträchtig nebeneinander sitzen und lachen sah, musste auch Tante Margot plötzlich lachen. Es wurde ein heiteres Frühlingsfest, wie es Familie Bär lange nicht mehr gefeiert hatte. So sah und hörte es auch die Sonne. Die Dreharbeiten waren für heute beendet und sie war gerade im Begriff, ihre Scheinwerfer auszuschalten, als das Lachen und Singen der Bärenfamilie zunehmend lauter wurde. Die Sonne stopfte sich etwas Wolkenwatte in die Ohren, bevor sie gleich ins Schlafzimmer untergehen würde. Am nächsten Morgen musste sie ja wieder früh raus. Wie soll ein Stern bei dem Krach schlafen?, dachte sie. Das hier sah verdächtig nach open end aus …

Richtig. Familie Bär war in nicht enden wollender Feierlaune. Es war längst Waldbewohner-zu-Bett-geh-Zeit, als Mutter Bär mit einem Löffelchen an eine leere Honigweinflasche schlug. „Bevor es gleich Vanilleeis gibt, müssen wir unbedingt das Überraschungsgeschenk von Margot würdigen", rief sie. „Stimmt!", sagte Tante Margot und bückte sich und holte ihr Paket unter der Biergartenbank hervor. Sie erhob sich leicht schwankend und räusperte sich feierlich, als wollte sie eine längere Rede halten. „Etwas Selbstgemachtes …", sagte sie dann nur und legte Bärbel ein geschnürtes Wäschebündel in die Arme. Die Familie applaudierte. Tante Margot beobachtete gespannt, wie Bärbel das Geschenk auswickelte. „Weißt du, ich dachte mir, wenn die Tage nun länger werden und du viel an der frischen Luft bist …", sagte sie. Bärbel zog – Überraschung! – einen dicken, braunen Teddymantel mit Kapuze aus einem Seidenpapier, hob ihn in die Luft und schaute sich hilflos um. „Probier doch mal, ob er passt!", drängelte Tante Margot.

„Der passt mit Sicherheit nicht!", knurrte Vater Bär. „Weder Bärbel noch jemand anderem von uns passt dieser Mantel." Bärbel müsse sich nicht verstecken, schimpfte er, weder unter einem Mantel noch in einem Haus, vor nix und niemandem und schon gar nicht vor irgendwelchen Bärenjägern, die seit Jahren ausgestorben seien. Überhaupt könne er sich nicht mehr daran erinnern, wann er zuletzt einen solchen in der Region gesichtet hatte. Die Familie schwieg betreten und Tante Margot wurde auf einmal sehr blass und zeigte mit dem Finger hinter Vater Bär. „Da, da, da. Dort!", rief sie, dann warf sie sich auf Bärbel, die neben ihr stand, und riss sie mit sich zu Boden. Vater Bär drehte sich verdutzt um. Ein junger Mann in Jagduniform war soeben hinter einer Bergkiefer hervorgetreten. Grüner Jagdhut, grüne Tweedjacke, grüne Parforce-Stiefel. Gewehr über der Schulter. „Überraschung …", murmelte Ursula, da zog der Mann höflich den Hut. „Entschuldigen Sie den unangemeldeten Besuch", sagte er, „aber bei uns sind mehrere Beschwerden wegen nächtlicher Ruhestörung eingegangen. Ich muss Sie bitten, Ihre Lieder auch im Außenbereich auf Zimmerlautstärke zu singen."

Keiner sagte, geschweige denn sang einen Ton.

Aber eins, zwei, drei … vier Schrecksekunden später – und einer nach dem anderen schüttelte dem Überraschungsbesuch die Hand. „Wir dachten schon, Sie seien ein Bärenjäger!", lachte Vater Bär. „Die sind doch seit Jahren verboten", entgegnete der junge Mann. „Ich bin der zuständige Forstaufseher. Alles in Ordnung bei Ihnen?", fragte er Tante Margot, die sich wieder aufgerappelt hatte und noch etwas benommen wirkte. Bärbel war in die Höhle gelaufen. Tante Margot strich sich das Fell zurecht. „Vielleicht mögen Sie ein Gläschen von unserem Honigsschweins prostbieren?", lallte sie verwirrt. „Danke, ich bin im Dienst", sagte der Forstaufseher. „Vielleicht etwas Gefrorenes?", fragte

Bärbel. Sie stand im Höhleneingang und hielt ein Tablett mit Dessertschüsselchen in den Händen. Da sagte der Forstaufseher nicht Nein und lächelte. Während Bärbel die Eisportionen verteilte, nahm Mutter Bär den Forstaufseher zur Seite und fragte ihn etwas im Flüsterton. „Da können Sie ganz beruhigt sein. Wilderer gibt es bei uns nicht", entgegnete der junge Mann ebenso leise, „außerdem sehe ich ja auch immer nach dem Rechten. Aber wenn Sie ganz sicher gehen wollen: Pflanzen Sie doch brombeerroten Rittersporn und Klatschmohn an. Das würde die Landschaft hier noch bunter machen und Bärbel würde weniger auffallen. Jetzt ist es aber Zeit, dass ich mich verabschiede", sagte er dann lauter. „Die Sonne ist ja bereits aufgegangen."

Ja, es war Zeit. Tante Margot, Onkel Bodo und Ursula wollten ebenfalls aufbrechen. „Ich denke, wir haben denselben Weg, Herr Waldmeister", sagte Tante Margot und nahm den Teddymantel vom Stuhl. „Darf ich Ihnen helfen, gnädige Frau?", sagte der Besucher und half der überraschten Tante erst in den rechten, dann in den linken Ärmel. Mutter Bär schmunzelte. Auch die Sonne schmunzelte. „Filmreif!", dachte sie. „Filmreif. Ich wüsste zu gern, wer da Regie geführt hat."

Und die Schluss-Szene?

Onkel Bodo, Tante Margot und Ursula stapfen neben dem Forstaufseher durch den Morgen. Vater Bär und Mutter Bär liegen in ihren Betten. Vater Bär schnarcht wie ein Bär. Mutter Bär hat Bäropax in den Ohren und pflanzt in Gedanken Rittersporn und Klatschmohn an.

Und Bärbel träumt. Von Waldmeister, Eis und Brombärchen.

'

Von Prinzessinnen, Zwergen und einem Donnerwetter

Märchen für Jung und Alt

Die Froschinsel

Vorlesezeit: 25 Minuten
Themen: Schönheit, Liebe, Lachen, Missgunst, Mut

Ihr müsst nicht denken, dass die Froschinsel Froschinsel hieß, weil so viele Frösche auf ihr lebten. Kein einziger Frosch lebte auf ihr. Die Froschinsel hatte ihren Namen, weil sie aussah wie ein riesiger Frosch. Und sie sah nicht nur so aus, sie war tatsächlich einer, und zwar einer von der unfreundlichen Sorte. Er hatte kalte, müde Glupschaugen, die immer halb geschlossen waren. Trotzdem entging seinen Augen nichts. Er sah alles, was um ihn herum passierte. Sein Maul war so groß wie die Ladeluke einer Schiffsfähre. Habt ihr mal die Ladeluke einer Schiffsfähre gesehen, in welche kleine Autos und große Laster fahren, um übers Meer transportiert zu werden? So riesig müsst ihr euch das Maul des Frosches vorstellen.

Soll ich weiter erzählen? Der Rücken des Frosches war schuppig und hügelig. Eine Pfirsichhaut konnte man das nicht nennen. Na ja, er war ja auch kein Pfirsich, sondern ein Frosch. Und obendrein einer von der ungepflegten Sorte. Den Rücken schien er sich seit hundert Jahren nicht mehr eingeseift und geschrubbt zu haben, obwohl er doch im Wasser lebte, besser gesagt: herumdümpelte … Niemals rührte er sich auch nur einen Millimeter von der Stelle, und weil er so groß war wie eine Insel, reichte ihm das Wasser nur bis zum Kinn. Entsprechend dick war die Schmutzschicht auf seinem Rücken. Meterhohe Schichten von Dreck und Sand lagerten auf dem Rücken des Frosches. Über Nacht waren auf diesem erdigen Untergrund Sträucher und hohe Bäume gewachsen, so dass der Frosch von der Ferne aussah wie ein Käseigel. Oder wie eine schmuddelige Rückenbürste. Das Wasser um ihn herum war schmutzig braun, kein Wunder. Nicht nur, dass der Frosch das Wasser verunreinigte, er verschlang auch jeden, der sich ihm näherte. Mit einem einzigen Happs. Die Einheimischen glaubten es mit eigenen Augen gesehen zu haben. Jedenfalls war das Baden im Bergsee schon lange nicht mehr erlaubt.

Die Ausflugsdampfer machten einen großen Bogen um die Insel. Sie wollten nicht verschluckt werden von einem riesigen Froschmaul, das aussah wie das rostige Tor zum ewigen Abgrund.

Auf der Froschinsel lebten elf wunderschöne, weiße Schwäne. Jetzt fragt ihr euch bestimmt, warum die Schwäne sich keinen schöneren Platz zum Wohnen aussuchen konnten als ausgerechnet dieses unschöne, schlamperte Fleckchen Froschinsel.

Ich verrat euch was. Die Schwäne waren nicht ganz freiwillig da. Sie konnten nicht einfach wegfliegen: auf in die Lüfte und davon. Sie mussten immer wieder zurückkehren zum Frosch. Geheimnisvoll, oder?

Und jetzt sind wir mitten drin in der Geschichte von der Froschinsel im Bergsee. Die ein gutes Ende nimmt. Ihr könnt also ganz beruhigt weiter zuhören.

Die Geschichte von der Froschinsel

Der kleine, tiefblaue Bergsee lag wie ein kleiner funkelnder Schatz unterhalb des großen Rotsteingebirges. Rund um den See führte ein wunderschöner, malerischer Wanderweg. Seit Jahren war der Bergsee ein begehrter Anziehungspunkt für Wanderer, Badenixen und Wassersportler. Jungen wie Mädchen, Frauen wie Männer. Das Wasser des Bergsees war klar und rein. In seiner schillernden Oberfläche spiegelte sich der Rotstein, das beeindruckendste Gebirge im gesamten Land. Bei guter Sicht konnte man aber nicht nur das Rotsteingebirge im See sehen, sondern auch die Umrisse des prächtigen Schlosses Ruheburg.

Auf Schloss Ruheburg lebten eine Königin und ein König. Sie waren ein glückliches Paar. Nur eines machte sie traurig. Königin Wagemut und ihr Gemahl König Wohlgemut hatten keine Kinder. So ein großes, schönes Schloss und kein Kinderlachen darin. Was nutzten ihnen die Ländereien, die prunkvollen, goldenen Kutschen; was nutzte ihnen all ihr Gold und Geld? Kein Gold konnte ein goldiges Kinderlachen ersetzen.

Die Königin wurde immer trauriger und sprach immer seltener ein Wort. Dabei hatte sie so eine schöne Stimme. Auch König Wohlgemut wurde immer schweigsamer. Dabei konnte er so schön erzählen. Mit der Zeit wurde es sehr still auf Schloss Ruheburg.

Jeden Morgen lief die Königin hinunter zum Bergsee und schaute auf das tiefblaue Wasser. Wenn die Kinder aus dem Dorf kamen und darin badeten und juchzten und glucksten, freute sich die Königin sehr. Es wurde ihr aber auch schwer und schwerer um das Herz. Schließlich mochte sie nicht mehr zu dem Bergsee hinuntergehen, sondern hielt sich nur noch im nördlichen Teil des Schlossgartens, am sogenannten Rosenweiher, auf. Hier saß sie viele Stunden auf der Bank vor dem Gartenpavillon und schaute auf das ruhige Wasser und wurde selber ganz tiefsinnig und ruhig. Dann setzte sich König Wohlgemut zu ihr auf die Bank und nahm ihre Hand und küsste sie zärtlich.

Zu der Zeit lebte im Land der böse Graf Galle, der mochte weder das Händchenhalten noch Handküsse noch irgendwelche Küsse. Er mochte die Ruhe nicht und den Frieden nicht, keine Rosen und keine tiefblauen Seen, und am allerwenigsten mochte er lachende Kinder. Überall, wo er hinkam, verbreitete er Unfrieden, er verpestete die Luft und die Seen mit Gift und

Galle. Schloss Ruheburg hatte er bislang keinen Besuch abgestattet. Warum auch? Graf Galle wusste, dass die Königin Wagemut und ihr Gemahl, der König Wohlgemut, keine Kinder hatten, denen er das Lachen verderben konnte.

Eines Nachts träumte Königin Wagemut, sie hielte ein Töchterchen in den Armen. Tatsächlich wurde dem König und der Königin im folgenden Jahr ein Kind geschenkt. Die Eltern konnten ihr Glück kaum fassen. Sie tauften das Mädchen auf den Namen Anmut. Prinzessin Anmut wuchs heran und mit jedem Geburtstag wurde sie anmutiger, kluger und schöner. Endlich war Schloss Ruheburg wieder von Leben und Lachen erfüllt. Und was war das für ein Lachen! Ihr könnt euch kaum vorstellen, wie hinreißend die Prinzessin glucksen und lachen konnte – ihr Lachen war schöner als die schönsten Liedmelodien, die je ein Musiker komponiert hatte. Wer die Prinzessin lachen hörte, verstummte und lauschte ergriffen. Sogar die Vögel in den Ästen der Bäume hielten für einen Moment die Luft an, wenn am Morgen das Lachen der Prinzessin im königlichen Schlosspark erklang und von dort hinunter in die Täler des Landes perlte wie ein Glockenspiel.

Als Graf Galle von dem Lachen der Prinzessin hörte, lachte er gallig und beschloss, der Königsfamilie einen Antrittsbesuch abzustatten. Er rief seinen Stallburschen, ließ sich den Rappen bringen, gab seinem

Pferd die Sporen und galoppierte durch den Wald Richtung Schloss Ruheburg. Zwei Tage später meldete die erstaunte Torwache den seltsamen Besucher. Königin Wagemut stutzte, als Graf Galle vor ihr stand. Er hatte kalte, müde Glupschaugen, die halb geschlossen waren. Trotzdem entging seinen Augen nichts. Er sah alles, was um ihn herum passierte. Sein Mund war breit wie der Mund eines Frosches, er roch etwas modrig, sein Händedruck war feucht und glipschig, seine Hautfarbe dunkelgrün. Seine Stimme hatte etwas Quäkendes. Graf Galle wackelte auf seinen kurzen, krummen Beinen über die Flure von Schloss Ruheburg. Er hustete bei jedem Schritt, denn er war allergisch gegen das Lachen der Kinder, das aus dem Zimmer der Prinzessin zu hören war. Aber das sagte er natürlich nicht. Statt dessen bat er darum, in den Schlossgarten geführt zu werden, der bekannt war für seine herrlichen Rosen und blühenden Sträucher.

Also geleitete die Königin Graf Galle in den Schlossgarten und als sie zum Rosenweiher kamen, ging er in die Hocke, lächelte giftig und tauchte eine Hand ins Wasser. Ein leises Zischen war zu hören. Eigenartig, dachte die Königin verwundert. Da sprang der Graf plötzlich wieder auf seine kurzen O-Beine, lächelte gallig, quakte so etwas wie „und Tschüss!“, und schon saß er wieder auf seinem Pferd und galoppierte von dannen. Königin Wagemut sah ihm nachdenklich hinterher. Komischer Hüpfer, dachte sie. Na gut, den sind wir los.

Am nächsten Tag war aus dem Rosenteich ein Froschteich geworden. Der König und die Königin erschraken, als sie statt der Seerosen die vielen Frösche im Wasser sahen. Die Frösche hatten kalte, müde Glupschaugen, die immer halb geschlossen waren. Trotzdem entging ihren Froschaugen nichts. Sie sahen alles, was um sie herum passierte. Scheinbar gefiel ihnen nichts von alledem, was sie sahen. Sie waren ständig am Quaken. Vor allem der Frühling missfiel ihnen; gerade war die Natur erwacht und die Winterkälte musste dem Frühling weichen. Es missfiel den Fröschen, dass die Kirschbäume zartrosa blühten, dass die Schneeglöckchen ihr weißes, hängendes Köpfchen im Wind wiegten, dass sich der Krokus mit violetten und gelben Blütenarmen durch die Erde nach oben schob und dass die Osterglocke den Frühling einläutete. Es gefiel ihnen nicht, dass die elegante Rauchschwalbe ihre Nester baute. Sie beschwerten sich lauthals darüber, dass der Storch sich auf den Dächern der Gesindehäuser einnistete. Den Storch mochten sie schon gar nicht. Kurzum: Die Frösche waren beständig am Quaken und das war wahrlich nicht zu überhören. Der König und die Königin baten den Gärtner, die Frösche aus dem Rosenteich zu entfernen und auf die entlegenen Froschteiche des Landes zu verteilen. Also taten der königliche Schlossgärtner und seine Gesellen, wie ihnen geheißen war.

Aber am nächsten Tag waren die Frösche wieder da. Die braven Gärtner entfernten die Frösche aufs Neue. Sonderbar, auch am übernächsten Tag waren die Frösche wieder da. Das wundersame Spiel wiederholte sich ein um das andere Mal. Es war wie verhext. Von nun an mieden der König und die Königin diesen Teil des Schlossparks. Der Prinzessin war es aufs Strengste verboten, ihn je wieder zu betreten.

Bis ein neuer Teich in einem südlichen Teil des Gartens angelegt war, spazierten der König und die Königin mit ihrem Töchterchen zum Bergsee hinunter. Dort fand die Prinzessin schnell Freunde, denn sie hatte ein aufgeschlossenes, freundliches Wesen. Die Dorfkinder vom Bergsee kamen nun oft zu Besuch auf Schloss Ruheburg. Bald war der Schlossgarten ein blühender, fröhlicher Kindergarten. Es hätte das Paradies auf Erden sein können für Königin Wagemut und König Wohlgemut. Jedoch – sobald auch nur das leiseste Kinderlachen auf Schloss Ruheburg zu hören war, quakten die Frösche so laut wie Presslufthämmer. Scheußlich. Gespenstisch! Der König und seine Gemahlin ließen die alten Fenster in Schloss Ruheburg durch Lärmstopp-Fenster ersetzen. Aber nun hörten sie auch das Lachen der Kinder im Hofgarten nicht mehr. Es war wie verhext!

Eines Nachmittags spielte Prinzessin Anmut mit ihren zehn engsten und liebsten Freunden wieder einmal Fußball auf dem großen Rasen des königlichen Gartens. Die Prinzessin wollte gerade einen Elfmeter ver-

wandeln, sie war nämlich eine hervorragende Elfmeter-
schützin, als ihr das runde Leder vom Fuß sprang und
über die Buchenhecke in den verbotenen Teil des
Schlossgartens kullerte. Die Prinzessin krabbelte durch
die Buchenecke, sie lief durch die Rosengärten und
kam zu dem Gartenpavillon, hinter dem der Froschteich lag. Da war ja der Ball, am Rande des Frosch-
teichs.

Die Prinzessin kniete nieder, um nach dem Ball zu greifen, und als sie ihre Hände in das Wasser tauchte, er-
tönte eine zarte Melodie und im Handumdrehen waren
die Frösche verschwunden und die Seerosen wieder da.
Der Schlossgärtner, der zufällig in der Nähe war, traute
seinen Augen nicht. Prinzessin Anmut aber sprang davon, schon war sie wieder bei ihren Freundinnen und
Freunden und verwandelte den Elfmeter wie immer
souverän und sicher.

Indes lief der königliche Schlossgärtner aufs Schloss
und berichtete dem Königspaar atemlos von dem wundersamen Geschehen am Froschteich. Königin Anmut
und König Wohlgemut eilten mit ihm an den Rosenweiher. Tatsächlich … die Frösche waren verschwunden.
Auch nach einer Woche waren sie nicht wieder zurückgekehrt. Die Geschichte machte die Runde im ganzen
Dorf, sie verbreitete sich wie ein Lauffeuer im ganzen
Land. Schließlich gelangte sie auch zu Graf Galle.

„Diese kleine Kröte! Will mir wohl ins Handwerk
pfuschen!", schrie Graf Galle und sprang von einem

O-Bein auf das andere. Wiederum rief er seinen Stallburschen, ließ den schnellsten Rappen satteln, gab dem Pferd die Sporen und galoppierte durch den Wald Richtung Schloss Ruheburg. Als er nach zwei Tagen endlich vor dem Haupttor von Schloss Ruheburg angekommen war, hüpfte er auf die große gusseiserne Glocke zu und riss ungeduldig an dem Glockenstrang. Die Schlosswache erschien. „Bedaure, die Königlichen Herrschaften sind schwimmen", erklärte der Wachsoldat. „Unten am Bergsee." Graf Galle schnaufte. Er schwang sich auf sein Pferd und galoppierte auf direktem Weg zum Bergsee hinunter. Sein Magen grummelte, er hatte noch nicht gefrühstückt, und deshalb war er besonders übel gelaunt.

Wie er sich nun dem Bergsee näherte und schon von weitem die lachenden Kinder hörte, riss er seinen frisch gebügelten Zauberumhang aus der Satteltasche und sprang vom Pferd. Denn ohne Zauberumhang funktioniert nun einmal kein Zauberspruch. Zauberumhang? Zauberspruch? Ich verrate euch schon wieder etwas: Graf Galle war nicht nur ein Graf, er war auch ein richtiger Zauberer. Das erkannten auch Königin Wagemut und König Wohlgemut, als sie den Grafen im frisch gebügelten Zauberumhang auf die badenden Kinder zulaufen sahen. Entsetzt sprangen sie von ihren Sonnenliegen auf, um das Schlimmste zu verhindern. Zu spät! Schon stand Graf Galle im Wasser, streckte einen Arm aus und quakte eilig einen Zauberspruch. Hokuspokus Fidibus, dreimal schwarzes Wasser, waren

Prinzessin Anmut und ihre zehn Freunde in weiße Schwäne verwandelt. Und sich selber verwandelte er sofort und in einem Abwasch gleich mit, nämlich in die unfreundliche Froschinsel. Damit er dort die Schwäne gefangen halten könnte.

Könnt ihr euch vorstellen, wie entsetzlich groß der Schock für Königin Wagemut und König Wohlgemut war? Wie entsetzlich für die Eltern der zehn Kinder? Bestimmt könnt ihr das. Zunächst konnte niemand begreifen, was geschehen war. Wie auch. Wieder verbreitete sich die Nachricht wie ein Lauffeuer im ganzen Dorf. Königin Wagemut und König Wohlgemut berieten Tag und Nacht mit den Eltern der zehn Kinder, was zu tun war. Sie berieten sich mit der Polizei und der Feuerwehr und mit Sonder-Spezialisten aus dem ganzen Land. Aber was konnten Sonder-Spezialisten schon ausrichten gegen eine riesige Froschinsel, auf der ein böser Zauber lag? Hubschrauberpiloten und Rettungstaucher versuchten, sich dem Frosch zu nähern, aber sobald er sein riesiges Maul aufriss und brüllte wie eine Herde hungriger Löwen, machten sie schnell wieder kehrt. „Wir dürfen die Hoffnung nicht aufgeben!", sagte Königin Wagemut. Sie hatte als Kind selber Märchen gelesen und wusste, dass ein böser Zauber auch wieder rückgängig gemacht werden kann. Nur wie?

Eines Tages meldete sich ein Prinz aus dem Hinterland. Er brannte darauf, den Kampf aufzunehmen mit dem Ungeheuer, der schlamperten Froschinsel, wenn der König und die Königin ihm die Prinzessin anschließend zur Frau gäben.

Königin Wagemut und König Wohlgemut dankten dem Prinzen für sein Angebot. Die Hand ihrer Tochter konnten sie ihm aber nicht so einfach versprechen. „Wer weiß, ob unsere Tochter überhaupt heiraten möchte", schrieben sie. „Vielleicht möchte sie erst studieren oder strebt eine Karriere als Fußballerin an."

Darauf meldete sich der Prinz nicht mehr. „Wir müssen selber eine Lösung finden", sagte der König. „Wir finden eine", sagte die Königin. Als ein Jahr vergangen war, das den Eltern vorkam wie eine Ewigkeit, hatte Königin Wagemut eines Nachts einen rätselhaften Traum. Sie träumte, eine Fee legte ihr elf Perlen in die Hand und sprach: „Hier hast du elf Perlen, jede ist kostbar, aber welche ist die Königsperle? Deutest du den Augenblick, holst du dir dein Kind zurück." Wieder sehr geheimnisvoll. Königin Wagemut erzählte niemandem von ihrem Traum, außer ihrem Gemahl. Sie lief nun jeden Tag hinunter an das Ufer des Bergsees, ein Fernrohr in der rechten Hand und schaute auf die Froschinsel. Welcher der elf Schwäne hatte die Augen von Prinzessin Anmut? Königin Wagemut konnte es nicht sagen. Die Insel lag zu weit entfernt. Eines Nachmittags, als die Königin und ihr Gemahl wieder am Ufer des Sees standen, sahen sie, wie sich ein Perlentaucherboot gefährlich nah an die Frosch-insel herantraute. Der Königin fiel ihr Traum von den zwölf Perlen wieder ein, sie bat den König, rasch zum Bootsverleiher zu gehen, ein Boot auszuleihen und mit ihr auf den See hinauszufahren. Und weil der König seiner Königin keinen Wunsch ausschlug, ließ er eine halbe Stunde später ein kleines Ruderboot zu Wasser.

Der Abend senkte sich über das Land, die Sonne dehn-te und reckte sich, sie trug einen orangefarbenen Trai-ningsanzug und streckte ihre langen Sonnenarme und -beine über den ganzen Himmel aus – während das Ruderboot über die schmutzigbraunen Wellen des Bergsees schaukelte. „Der König und die Königin!", riefen die Leute am Ufer. Bald hatte sich eine Traube von Menschen gebildet.

Der Frosch öffnete seine Glupschaugen einen Milli-meter weit. So weit an ihn heran hatte sich bis jetzt noch niemand getraut. Wer wagte es, sich ihm zu nä-hern? Er begann sich zu bewegen und nervös zu zu-cken. Seine Unruhe übertrug sich auf den ganzen See. Das Wasser geriet in Bewegung, es bildeten sich Wel-lenberge und das Ruderboot geriet ins Schwanken. Kö-nig Wohlgemut ruderte weiter unbeirrt auf den Frosch zu. Königin Wagemut stand aufrecht im Boot und hielt sich das Fernrohr vor die Augen. Die Schwäne schrit-ten langsam über den Rücken der Froschinsel, neugie-rig, vorsichtig kamen sie näher. Einer von ihnen fauchte gar. Königin Wagemut schaute durch das Fernrohr. Welcher der elf Schwäne war ihr Töchterchen?

Hu! Da öffnete der Frosch sein scheußliches Maul. Die Menschen am Ufer schrien entsetzt auf, sie drehten sich weg oder hielten sich die Hand vor die Augen. Hu! Der Frosch riss sein Maul noch weiter auf, das rostige Tor zum ewigen Abgrund, und brüllte wie eine Herde hungriger Löwen. Die Menge heulte auf. Königin Wagemut stutzte, dann schaute sie gerührt. Und wisst ihr, was sie dann tat? Sie riss ihre Krone vom Kopf, stülpte sie sich eine Badekappe über, warf das Fernrohr über Bord, stürzte sich in die Fluten und schwamm direkt auf den Frosch zu. War sie etwa lebensmüde? Hatte sie den Verstand verloren? Der fauchende Schwan erhob sich in die Luft, sicher um der Königin zu Hilfe zu kommen. Aber nein, der fauchende Schwan stürzte sich nicht etwa auf den Frosch, er war im Begriff, sich auf die Königin stürzen. Ja, waren denn alle verrückt geworden?

König Wohlgemut vertrieb den fauchenden Schwan mit dem Ruderblatt. Gott sei Dank. Nun war die Königin ganz nah am Froschgesicht.

Doch was war das? Dem Frosch kullerten ein paar Tränen aus den Augen. Seine Augen schauten gar nicht mehr kalt und müde, sondern warm und wach wie die Augen von Prinzessin Anmut. Die Menschen am Ufer hielten den Atem an: Würde der Frosch die Königin mit einem Happs verschlingen? Dass er weinte, sahen sie natürlich nicht. Sie sahen auch nicht, dass die Königin dem Frosch einen Kuss gab – einen von der knallenden, schallenden Sorte, ein Kuss, dass ein Krachen am Himmel zu hören war wie bei einem Donnerwetter. Der See zischte und brodelte, Wasserfontänen stiegen auf und der Frosch verschwand in einer riesigen Wasserfontäne. Offensichtlich küsste die Königin ihn wieder, denn es gab einen zweiten und einen dritten Donnerknall, Farben explodierten. Das reinste Feuerwerk. Wie an Silvester.

Dann war es schlagartig still. Der See lag wieder ruhig, das Feuerwerk hatte geendet. König Wohlgemut saß in seinem Ruderboot und schaute sich um. Die Froschinsel war untergegangen und mit ihr die elf Schwäne. Aber plötzlich tauchten nacheinander ein, zwei, drei, vier, fünf, sechs, sieben, acht, neun, zehn strahlende Kinder und eine elfte strahlende Prinzessin im klaren, blauen Bergsee auf. Sekunden später war auch Königin Wagemut wieder an der Wasseroberfläche zu sehen. „Hierher, hierher!", rief König Wohlgemut, er steuerte das Ruderboot längsseits und zog die Königin und die Kinder an Bord. Unter lautem Jubel der Menge ruderte König Wohlgemut zurück ans Ufer. Dort warteten bereits die herbeigeholten Eltern der zehn Dorfkinder. Die konnten ihr Glück zunächst nicht fassen. Und als sie es drei Tage später fassen konnten, wurde ein Fest auf Schloss Ruheburg gefeiert, wie es die Welt noch nicht gesehen hatte. Das ganze Dorf war eingeladen und sie feierten sieben Tage lang.

Wochenlang berichteten die Zeitungen von der rätselhaften Geschichte.

Die Ruheländer Tageblätter berichteten auch, dass Prinzessin Anmut nicht in einen Schwan, sondern in die Froschinsel verwandelt worden war. Und dass die Königin ihr Kind an den Augen erkannt hatte. Der gerissene Zauberer, Graf Galle, hatte sich in den fauchenden Schwan verwandelt. Bei der Kussexplosion wurde er aber nicht zurückverwandelt in den Grafen, er wurde zurückverwandelt in einen einfachen, kleinen Frosch. Prompt kam ein Storch geflogen und schnappte ihn sich und trug ihn hinüber in ein anderes Märchen, das in hundert Jahren oder nie geschrieben werden wird. Auf Schloss Ruheburg konnte er jedenfalls kein Unheil mehr anrichten. So lebten Königin Wagemut und König Wohlgemut noch viele Jahre glücklich auf Schloss Ruheburg. Hier war auch Prinzessin Anmut noch lange zu Hause, bevor sie sich eine Eigentumswohnung auf dem Land kaufte. Sie blieb ein Leben lang befreundet mit den zehn Freundinnen und Freunden aus dem Dorf.

So, ihr Lieben. Das war die Geschichte von der Froschinsel. Ende gut, alles gut. Wie versprochen.

Drinneland und Draußeland

Vorlesezeit: 8 Minuten
Themen: Wetter, Ordnung, Humor, Gelassenheit, Nachbarschaft,
Politik, Sonne

In Drinneland schien fast immer die Sonne. Wenn es
regnete, dann gerade so viel, dass der Boden saftig
blieb und die Veilchen dufteten und die Blätter der
Bäume glänzten und die Flöhe das Gras wachsen hörten. Es regnete genug für ein paar halbtiefe Pfützen, in
denen Spatzen und Frösche und Kinderfüße plantsch-
ten.

Warm war es in Drinneland. Wintermäntel oder
dicke Pullis oder lange Unterhosen kannten die Drinneländer nicht. In ihren Häusern gab es weder Ofen
noch Zentralheizung. Die Drinneländer waren viel an
der frischen Luft. Vor den zahllosen Eisdielen standen
immer lange Schlangen von Menschen, und das meiste
Geld wurde in Drinneland mit dem Verkauf von Speiseeis verdient. Die Drinneländer fanden, sie hatten es
schön. Und weil es so schön bei ihnen war, verließen
sie ihr Land nicht. Und weil das Land klein war und
hinter dem großen Brocken, einem Bergmassiv lag, be-

suchte sie auch niemand von außerhalb. Nur die Sonne schaute jeden Tag vorbei.

Aber dann ...

Eines Tages zogen am Drinneländer Himmel dicke, dunkle Wolken auf. Solche Wolken hatten die Drinneländer ihr Lebtag nicht gesehen. Dann schüttete es drei Tage wie aus Kübeln und die Drinneländer wurden pitschnass beim Schlangestehen vor den Eisdielen. Der erste Tag war „im Eimer" und der zweite auch und der dritte ... es brachte keinen Spaß, draußen an der Luft zu sein. Die Menschen holten sich einen Schnupfen und verlangten von ihrem König eine Erklärung.

Der Drinneländer König hatte keine Erklärung. Er rief seine Minister zusammen, aber die waren allesamt erkältet. „So ein Ärger!", schimpfte der König. Er kramte in seinem Schreibtisch nach dem Eisenschlüssel und ging zum Safe und holte das Handbuch für Könige aus dem obersten Fach.

„So ein Ärger!", schimpfte der König wieder und schaute unter „Ärger" nach. Der König las und nickte. Er ging zum Fenster und schaute hinaus. Tatsächlich. Das waren keine Drinneländer Wolken, das waren Draußeländer Wolken. „So ein Ärger", sagte der König. Denn im Handbuch stand, dass der Ärger immer von den anderen komme und dass der König den anderen so etwas auf keinen Fall durchgehen lassen dürfe und notfalls ...

Der König schrieb einen Brief an den Draußeländer König und forderte ihn auf, seine ärgerlichen Wolken unverzüglich wieder abzuziehen.

Draußeland hatte eine Königin. Als die Königin von Draußeland den Brief las, stutzte sie, dann lachte sie ihr Donnerlachen, das so donnernd war, dass die Palastmauern nur so wackelten, obwohl sie aus massivem Stein gehauen waren. „Der Mann hat Humor!", lachte die Königin. Sie zerknüllte den Brief zu einem Papierball und warf ihn hoch in die Luft und kickte ihn mit der Stirn in den Papierkorb. Abends entschloss sie sich, dem König eine Postkarte zu schreiben. „Sie überschätzen meine Macht, werter Kollege", schrieb sie. „Aber danke für den Brief."

Es war das erste Mal, dass der Drinneländer König eine Postkarte erhielt. Er freute sich über das Urlaubsmotiv und die Briefmarke mit dem lachenden Gesicht. Er nahm eine Nadel aus seinem Nähkästchen und heftete die Postkarte an die Pinnwand. Dann wartete er, ob die Königin von Draußeland ihre Wolken abziehen würde.

Aber die dicken Wolken hingen weiter über Drinneland und der König schaute wieder in seinem Handbuch nach, weil die Minister immer noch erkältet waren. Er griff zu Tinte und Feder und schrieb der Königin, dass er ihr noch genau eine Woche Zeit gebe, um ihre Wolken abzuziehen, ansonsten müsse er leider mit Grieg drohen. Krieg mochte er nicht schreiben, das schien ihm zu hart.

Als die Königin den zweiten Brief las, saß sie auf der Terrasse und aß gerade einen Apfel. Zunächst runzelte sie die Stirn. Dann schüttelte sie den Kopf und lachte. „Na, der macht mir Spaß!", rief sie und wickelte den Apfelstrunk in den Briefbogen und warf ihn in die Biotonne. Dann stand sie auf, um den Rasen zu mähen.

Endlich – die dunklen Wolken verzogen sich und der König von Drinneland war stolz und zufrieden. Er erteilte seinen Ministern Erkältungsurlaub, da er ja inzwischen gut ohne sie zurecht kam. Alles schien wieder in Butter, in bester Ordnung, zu sein im Drinneland. Die Sonne schien tagein, tagaus. Tagaus, tagein, Woche für Woche. Monat für Monat, aber nun, o Schreck, waren auch die Drinneländer Wolken weg. Es regnete überhaupt nicht mehr. Der Boden drohte auszutrocknen, die Veilchen begannen zu muffeln, das Gras verdorrte und die Spatzen und Frösche und Kinderfüße wurden rau und unansehnlich.

Da schrieb der König der Königin einen dritten Brief und bat sie, ihm ausnahmsweise ein paar von ihren Wolken auszuleihen, damit der Boden wieder saftig würde und die Veilchen wieder dufteten und wieder Plantschefüßchen durch die Pfützen sprängen.

„Der Mann hat ein Problem mit Wolken!", sagte die Königin und packte drei Bücher in ihren Rucksack und zog mit einer Gießkanne und einer Regentonne voll Regenwasser ins Drinneland. Es war eine Ecke zu laufen vom Bahnhof bis zum Königspalast und die Königin kam dabei ganz schön ins Schwitzen. Sie blieb an fast jeder Eisdiele stehen und probierte eine Sorte nach der anderen. „Donner auch!", sagte sie. „Lecker!" Wann hatte sie zuletzt so ein gutes Speiseeis gegessen?

Als sie beim König klingelte, verteilte sich noch etwas Schokoladeneis um ihren Mund. Schokosplitter war ihre Lieblingssorte. Das hatte sie inzwischen herausgefunden. Der König schaute verblüfft in das lachende Gesicht, das ihm bekannt vorkam. „Hallo, ich bin die Königin von nebenan!", sagte die Königin. „Vielen Dank für die Einladung und hier mein Gastgeschenk." Sie legte dem König drei dicke Bücher in den Arm, die so schwer waren, dass er ein wenig in die Knie ging. „Ich geh derweil mal zu den Kindern in die Stadt", sagte die Königin und zog ab mit ihrer Gießkanne und der Regentonne.

Abends lag der König in seinem Bett und wollte wie immer in einem Krimi schmökern, aber dann nahm er lieber die Buchgeschenke der Königin zur Hand. Er blätterte in dem ersten Buch. „Wetterkunde". Er blätterte in dem zweiten Buch. „Himmelsmächte", und er blätterte in dem dritten Buch: „Neueste und überarbeitete Ausgabe des Handbuches für Königinnen und Könige". „Spannend", sagte der König und hatte eine schlaflose Nacht.

Währenddessen machte es sich die Königin im Schlosspark auf einer Hängematte bequem, die sie zwischen einer Buche und einer Birke ausgespannt hatte.

Die königlichen Gästezimmer waren allesamt von Staubmäusen bewohnt, da fand sie es hier im Garten netter. Sie griff zu der Dose mit Veilchenpastillen, die ihr der König als Gegengeschenk überreicht hatte und lutschte eine Pastille. „Das Schokoeis ist eindeutig besser", murmelte sie. „Das Rezept werde ich dem König wohl abluchsen müssen."

Dann dachte sie über die Geschehnisse der letzten Wochen nach. „Ich bin ja nur froh", dachte sie vor dem Einschlafen, „dass ich soviel Humor habe!" Und sie lachte ihr Donnerlachen, dass man meinen könnte, ein Gewitter zöge auf. … Tatsächlich begann es leise zu regnen.

Frühling

Vorlesezeit: 4 Minuten
Themen: Selbstbewusstsein, Mut, Sonne, Wetter

„Frühling, Frühling!", rief das Schneeglöckchen immer wieder. So warm und kuschelig es hier unten auch war, ihm fehlten die Sonne und die Frühlingsluft. „Frühling, Frühling!", rief es wieder und wieder.

„Du meine Güte, so ein ungeduldiges Schneeglöckchen hatte ich aber lange nicht mehr!", seufzte Mutter Erde, „es ist doch noch Zeit bis zum Aufblühen. Aber bitte, wenn du unbedingt mit dem Kopf durch die Wand willst ..." Und sie hob das Schneeglöckchen aus seinem Bett, gab ihm einen Klaps und setzte es ins Freie.

„Frühling, Frühling!", rief das Schneeglöckchen weiter. Es hatte noch gar nicht bemerkt, dass es bereits draußen an der frischen Luft war. „Was machst du denn für einen Lärm?", fragte der Mond und schaute das Schneeglöckchen groß an. Der Nachthimmel runzelte die Sterne. „Bist du etwa die Sonne?", fragte das Schneeglöckchen beleidigt. Es hatte sich den Frühling ganz anders vorgestellt. „Nein, bin ich nicht", entgegnete der Mond empört. „Kollegin Sonne kommt morgen und übernimmt die Frühschicht. Mir scheint, du musst noch eine Menge lernen."

Das Schneeglöckchen beachtete den Mond nicht weiter. Es gähnte laut und beschloss, bis zum nächsten Morgen zu warten.

Doch auch am nächsten Tag ließ sich die Sonne nicht blicken. Der Himmel war grau und verhangen und das Schneeglöckchen stimmte wieder sein Geschrei an. „Frühling, Frühling!", rief es energisch.

„Was machst du denn für einen Lärm?", fragte die alte Kirchturmuhr und betrachtete das Schneeglöckchen neugierig.

„Ich warte auf den Frühling!", rief das Schneeglöckchen zur Turmuhr hinauf. „Schon die gaaanze Zeit!" – „Die ganze Zeit", wiederholte die Kirchturmuhr schmunzelnd. „Aber die Zeit hat ihr eigenes Tempo."

Dann kam der Frost zurück ins Tal. Er wollte unbedingt noch etwas Winterurlaub auf dem Land machen. Das Schneeglöckchen fror und zitterte entsetzlich vor Kälte. „Ihh, Ihh!", sagte es immerfort und schüttelte sein Köpfchen von rechts nach links und von links nach rechts. Mit „Ihh" meinte das frühlingsverliebte Schneeglöckchen den Schnee und seinen Bruder, den Frost.

Diese zwei konnte es gar nicht gut leiden. „Ihh, Ihh!", schimpfte es unzählige Male und ballte die blassgrünen, verfrorenen Händchen zu Fäusten.

Wahrlich, dieses Schneeglöckchen wurde nicht müde, den Winter zu verneinen. Sein glockenhelles Stimmchen drang schließlich ans Ohr der Sonne.

Die Sonne öffnete die Augen. „Nanu!", staunte sie und blinzelte schlaftrunken auf ihre Sonnenuhr. „Wer läutet denn da den Frühling ein? Es ist doch erst zwei nach Winter!"

Sie stieg aus ihrem molligen Wolkendaunenbett und lehnte sich aus dem geöffneten Himmelsfenster. Ihr Blick fiel auf das zitternde Schneeglöckchen. Ritsch, ratsch, zog die Sonne die dunklen Wolkenvorhänge zurück und spannte ein frisches, hellblaues Laken über dem Himmel aus. Der Tag strahlte über das ganze Gesicht und die Sonne beugte sich hinunter auf die Erde. „Einen guten Frühling, mein Schneeglöckchen!", sagte die Sonne und legte ihre Arme um das Schneeglöckchen. „So schön bin ich aber lange nicht mehr geweckt worden!"

„Einen guten Frühling!", murmelte das Schneeglöckchen und streckte seine Blätter der Sonne entgegen. Von diesem Tag an blühte das Schneeglöckchen merklich auf. Endlich war die Sonne aus ihrem Schlaf erwacht, endlich war der Frühling da. Nach soooo langer Zeit!

Prinzessin C (von Crescentia)

Vorlesezeit: 10 Minuten
Themen: Selbstbewusstsein, Missgunst, Neid, Schönheit, Mut

König Willkyr von Willkyrland gab seinen Untertanen alle Freiheiten. Frühling, Sommer, Herbst und Winter. Montag, Dienstag, Mittwoch, Donnerstag und so weiter waren erlaubt. Nur eines nicht. Die Untertanen durften nicht wachsen. Seit König Willkyr, der Kleine, auf dem Thron hockte, war Größerwerden bei Strafe verboten. Der Monarch selber war ziemlich kurz geraten. Er hasste es wie die Pest, wenn ihm jemand über den Kopf wuchs. Wer das Wachstumsverbot missachtete, wurde des Landes verwiesen oder musste hinter muffigen Kerkermauern sein Leben vergammeln – bei Wasser und Brot und Spinnweben und Fledermäusen. Schlimmstenfalls wurde er über kurz oder kurz – einen Kopf kürzer gemacht ... Da kannte der König keine Verwandten.

Die Untertanen fürchteten das modrige Kerkerdasein, sie ekelten sich vor Spinnweben und Fledermäusen. Und sie wollten auf keinen Fall ihren Kopf riskieren. Also duckten und krümmten sie sich, um die vorgeschriebene Untergröße zu erreichen. Schließlich wurde Kleinsein richtig beliebt, es kam regelrecht in Mode. König Willkyr, der zu kurz Gekommene, war zufrieden mit seinen Untertanen.

Auf Schloß Willkyrburg galten dieselben Gesetze wie draußen im Lande. Die Hofdamen und -herren hatten sich in den letzten Jahren untertänigst unter persönliches Kleinstmaß geschrumpft. Es gab fast niemanden mehr am Hof, der den kleinen König überragte. Nur Königin Florice und die Ritterrüstungen und die Ölgemälde auf den Fluren erinnerten daran, dass es früher einmal größere Königinnen und Könige und Edelleute gegeben haben musste. Die Untertanen interessierten eh nicht. Übrigens durften auch die Blumen nicht höher stehen als der Rasen.

Im siebten Jahr seiner Regentschaft wurde dem König ein Töchterchen geboren. An einem milden Frühlingstag hielt Königin Florice ihr Kind in den Armen und betrachtete es voller Liebe. „Ich nenne dich Crescentia", flüsterte sie und lächelte schelmisch. Dann schloss sie die Augen und verstarb. Da war der König Willkyr traurig über den Tod seiner Frau, aber nur ein wenig, denn zu großen Gefühlen konnte er sich nicht aufschwingen.

Prinzessin Crescentia war ein strahlendes, wohlgenährtes Baby mit dichtem, lockigem Haar und roten Apfelbäckchen. Wenn der König vor dem niedrigen Kinderbettchen stand, betrachtete er sein Töchterchen traurig. War die Kleine auch nicht zu groß geraten, fragte er sich und wackelte nachdenklich auf seinen kurzen Beinen davon.

Auf jeden Fall war ihr Name viel zu lang. Der König verkürzte ihn auf C.

Als Prinzessin C. sechs Jahre alt war, gab der König sie in die Obhut der königlichen Oberlehrerin, Gräfin Bückling. Gräfin Bückling machte einen tiefen Knicks vor dem König und lächelte untertänigst. „Natürlich. Selbstverständlich. Ohne Frage! Ich werde alles dafür tun, Prinzessin C. kleinzuhalten", schnarrte sie. „So, wie ich Königin Florice, die Kurzlebige, beinahe kleingekriegt hätte – wäre sie nicht vorher abge… storben." – Gräfin Bückling kräuselte die Stirn: Königin Florice, das war ein harter Brocken gewesen! Hoffentlich kam dieser Wurm nicht nach seiner aufmüpfigen Mutter …

Prinzessin C. kam sehr wohl nach ihrer Mutter. Sie war ein kluges und schönes Kind. Sie hatte die blauen Augen und das verschmitzte Lächeln von Königin Florice geerbt. Aber das wusste sie nicht. Sie hatte sich selber noch nie zu Gesicht bekommen, denn im ganzen Palast gab es außer der Spiegelwache des Königs keinen einzigen Spiegel. Die Spiegelwache war die Geheimwaffe des Königs. Furchtbar hässlich und gemein.

Tagsüber saß Prinzessin C in der kleinkarierten Schulstube von Gräfin Bückling und hatte von früh bis spät nichts anderes zu lernen als sich kleiner zu machen, als sie war. Sie wollte es nicht begreifen, es ging nicht in ihren Kopf. Entsprechend mies fiel ihr erstes Zeugnis aus. Mangelhaft!

Zeugnis

Prinzessin C. ist eine schlechte Schülerin.
Sie zeigt wenig Neigung, auf Untergröße
stehen zu bleiben.

Sie hält sich gerade, hat Freude an
Bewegung, findet Widerworte und ist
wissbegierig. Sie stellt Fragen, gibt
vorlaute Antworten und singt in den Pausen.
Offensichtlich will sie wachsen, an
Stillstand oder Sitzenbleiben ist sie
nicht interessiert.

Wie es so Sitte war bei Hof, wurde dem König das Zeugnis untergeschoben, bevor es die Prinzessin zu sehen bekam. Der König war zutiefst verärgert. „Von wem hat sie das?!", rief er aufgebracht. „Vielleicht von Königin Florice?", fragte Gräfin Bückling und hüstelte. Dann tippelte sie nervös von dannen und stellte die Prinzessin unter Hausarrest. Mangel-Haft …

Ohne Erfolg, die Prinzessin ließ sich nicht kleinkriegen.

„Die Prinzessin muckt auf. Sie will ihren Weg machen. Wenn sie so weitermacht, fürchte ich, dass sie in Bälde sogar ein, zwei Zentimeter ... wachsen könnte", stotterte Gräfin Bückling, als sie dem König ein halbes Jahr später neuerlich Bericht erstatten musste. „Das übersteigt alles Dagewesene!", klagte der König.

Von nun an wurde Prinzessin C. auf Schritt und Tritt überwacht. Die Spiegelwachen versperrten ihr, wo sie konnten, den Weg. „Halt Stopp! Stehenbleiben!", brüllten sie, sobald sich die Prinzessin näherte. Nur der Weg in das Schulzimmer von Gräfin Bückling stand ihr offen. „Lasst mich vorbei!", rief die Prinzessin empört. Aber die Spiegelwachen rührten sich nicht von der Stelle und die Prinzessin duckte und bückte sich und schlug Haken, um den hässlichen Fratzen zu entgehen. Mit der Zeit gewöhnte sie sich eine schlechte Haltung an, sie fand sich nicht mehr zurecht im Schloss. Langsam ging ihr die Puste aus.

Abends schlich sie von ihrem Zimmer in den Garten hinaus und setzte sich still unter eine Sommerlinde. Sie ließ den Kopf und die Schultern hängen und den Mut sinken.

An einem Maitag, als der Morgen dämmerte, wurde Prinzessin C. von einem herrlichen Gesang geweckt. Die Prinzessin stieg aus ihrem Bett und spähte in den Garten. Was ist das für ein selten schönes Lied, sagte sie und schlich hinaus und setzte sich unter die Sommerlinde. Was ist das für ein selten schönes Lied, sagte sie noch einmal. Dann sah sie eine Nachtigall auf einem Zweig der Sommerlinde sitzen.

Die Prinzessin bat die Nachtigall, das Lied noch einmal zu singen. Es war das Lied der Morgendämmerung, und es gefiel der Prinzessin so ausnehmend gut, dass sie wünschte, sie könnte es selber singen. „Wenn ihr wollt, bringe ich es Euch bei", sagte die Nachtigall. Dazu war sie ja eigens aus Botanien eingeflogen, dem Land der Königin Florice. Aber das verriet die Nachtigall der Prinzessin nicht. „Liebend gern!", rief die Prinzessin und klatschte in die Hände und fasste neuen Mut.

Nun hatte Prinzessin C. jeden Abend etwas Schönes, worauf sie sich freuen durfte. Nach und nach veränderte sich ihre Haltung wieder zum Guten, denn das A und O beim Singen ist aufrechtes Stehen. Gräfin Bückling ballte vor Wut die Fäuste. Die Prinzessin erhebt sich über das Gesetz, sie ist ein ähnlich schlimmes Kaliber wie Königin Florice, dachte sie. Etwas ging da nicht mit rechten Dingen zu. Gräfin Bückling legte sich auf die Mauer auf die Lauer ...

Eines Abends während des Gesangsunterricht stürzte Gräfin Bückling mit zwei Spiegelwachen im Schlepptau in den Garten. „Ha! Ausgesungen!", jubelte die Gräfin und stülpte den Käfig über die erstaunte Nachtigall. „Ha! Ausgewachsen", jubelte sie und schlang ein Metermaß um die Hände der überraschten Prinzessin und führte beide ab.

Klar wurde die Gräfin sofort beim König vorgelassen. „Da, da das Maß ist überschritten", rief die Gräfin und zeigte auf die Prinzessin. Die Prinzessin wurde an ein Metermaß gestellt und der König zerbrach einen Zollstock vor den Augen seiner Tochter. „Hoch-Verrat“, sagte er. Mit anderen Worten: zwanzig Jahre Kerkerhaft. Prinzessin C. hatte nicht die geringste Lust, sich in den muffigen Kerker werfen zu lassen. Schon gar nicht für zwanzig Jahre. Das Maß war überschritten: genau! Prinzessin C. stellte sich auf, sie atmete tief ein, zerriss mit einem Ruck das Metermaß und begann das Lied der Morgendämmerung zu singen. Gräfin Bückling und der König schauten dumm aus der Wäsche. Die Spiegelwachen standen wie erstarrt. Dann wichen sie entsetzt zurück und stoben auseinander. Prinzessin C.s klare Stimme erhob sich höher und höher, jetzt hatte sie die höchste Stufe der Tonleiter erreicht und sang … das hohe C für Crescentia. Die Spiegelwachen zerklirrten und zerkrachten unter lautem Geschepper. Auch die Fensterscheiben auf Schloss Willkyrburg zersprangen, ein frischer, kräftiger Wind fegte durch die Räume. König Willkyr stand im Zug, die Perücke flog ihm vom Kopf. Gräfin Bückling starrte auf den Scherbenhaufen vor ihren Füßen.

„Ade, auf Nimmer-Nimmerwiedersehen!“, rief Prinzessin Cresentia und schnappte sich den Vogelkäfig und nahm den nächsten Flieger nach Botanien. Auf Burg Schöngrün, dem Stammsitz ihrer Mutter, erhielt sie weiterhin Gesangsunterricht von ihrer Freundin, der Nachtigall. Die Prinzessin wurde eine große Sängerin und machte das Lied der Morgendämmerung in der ganzen Welt berühmt. Sie war aber auch eine große Gartenliebhaberin und legte viele Gärten und „Gewächshäuser" für Blumen- und Menschenkinder an. Sie harkte und pflegte die Beete und blühte richtig auf dabei. Wie beim Singen. Wenn sie Lust hatte, gab sie Konzerte – rund um den Globus. Nur nach Willkyrland reiste sie niemals mehr. Darüber war sie längst hinaus ... gewachsen.

Pomali – im Land der Schnirkelschnecken

Vorlesezeit: 22 Minuten
Themen: Zeit, Stress, Gelassenheit, Aufmerksamkeit, Reisen

Lilly hetzte von der Schule nach Hause. Wenn sie sich beeilte, würde sie Tante Mona vielleicht noch antreffen. Lilly wollte Tante Mona auf keinen Fall verpassen. Tante Mona war die Schwester von Lillys Mutter und durch nichts aus der Ruhe zu bringen, sie war klein und pummelig und trug weite Kleider, wahrscheinlich, um ihre Rundungen darunter zu verstecken. Tante Mona hatte auch ein Herz in Größe XXL, aber das versteckte sie nicht. Gott sein Dank!

Als Lilly am Supermarkt vorbeikam, fiel ihr ein, dass sie ihrer Mutter versprochen hatte, noch zwei Kleinigkeiten einzukaufen. Lilly hetzte in den Supermarkt, huschte durch die Einkaufsreihen, riss eine Tüte Milch und ein Paket Nudeln aus dem Regal und sauste zur Kasse. An der Kasse musste sie warten. Als sie nach fünf Minuten endlich an der Reihe war mit dem Bezahlen, warf sie der Kassiererin ein paar abgezählte Münzen in die Hand und stürzte mit der Tüte Milch und dem Paket Nudeln unter dem Arm hinaus auf die Straße. Da, ihr Bus! Den erwische ich noch, dachte Lilly und jagte im Zickzackkurs über den Bürgersteig. Fast hätte sie eine Frau umgerannt, die ihr entgegenkam. „Hast du keine Zeit?", rief die Frau ihr ärgerlich nach. „Nein!", rief Lilly und sprang in den Bus.

Wie die meisten Menschen in ihrer Umgebung hatte Lilly keine Zeit. Sie hatte eine Uhr, aber keine Zeit. Vielleicht war nicht die Zeit das Problem, sondern die Uhr?

Tante Mona stand auf dem Balkon, als Lilly keuchend und prustend die Straße herunterlief. „Du liebes Lieschen", rief Tante Mona. „Warte, ich mach dir auf." Lilly hetzte die Treppen hinauf. „Ganz schön forsch, forscherin, am forschesten", sagte Tante Mona und gab ihrer Nichte einen Kuss. „Dabei bin ich doch die Forscherin von uns beiden. Komm, wir trinken erst mal was."

Tante Mona war tatsächlich Forscherin, Tierforscherin. Und eine Watt- und Waldexpertin war sie außerdem. Manchmal verschwand sie wochenlang auf irgendeine Dünen-Exkursion. Lilly stellte sich dann vor, wie Tante Mona über bucklige Nordseeinseln robbte und das Leben der Seehunde, Kegelrobben oder Schweinswale studierte. Tante Mona wusste alles über das Privatleben der Moorfrösche, Teichmolche, Würmer und Quallen. „Alles ist interessant in Wunderland!", sagte Tante Mona immer. „Schau nur genau hin.

Schon bist du drin." Tante Mona war wirklich ein Original.

Nun saßen die Originaltante und die Originalnichte auf dem Balkon und schlürften ein Glas Rhabarberlimonade mit dem Strohhalm. Tante Mona zog den letzten Schluck aus ihrem Glas und machte dabei ein blubberndes Geräusch und große erschrockene Augen, dass Lilly lachen musste. „Nächste Woche begebe ich mich auf eine neue Expedition", sagte Tante Mona. „Wenn du Lust hast, kannst du mitkommen. Deine Mutter ist einverstanden. Sie hat ja leider keine Zeit und muss sich um ihre Praxis kümmern."

„Wohin geht denn diesmal die Reise?", fragte Lilly gespannt. „Nach Pomali, ins Land der Schnirkelschnecken", antwortete Tante Mona. „Ein nahezu unerforschtes Gebiet. Im letzten Monat war ich kurz dort, um die Lage zu peilen." „Und wie kommen wir dahin?", fragte Lilly. „Das sag ich dir, wenn es soweit ist!", sagte Tante Mona und lächelte vielsagend.

Eine Woche später war es soweit. Tante Mona und Lilly trafen sich früh morgens vor dem Eingang des Hauptbahnhofs. „Von welchem Gleis fährt denn der Zug nach Pomali?", fragte Lilly. „Wir fahren nicht mit dem Zug", erklärte Tante Mona. „Wir gehen zu Fuß. Nach Pomali kommen wir nicht auf den eingefahrenen Gleisen, nach Pomali kommen wir nur auf dem langsamsten Weg." „Ach so", sagte Lilly und schaute Tante Mona groß an. „Kann sein, dass es am Anfang etwas beschwerlich für dich ist. Hast du genügend zu trinken dabei?" Lilly nickte. Sie machten einen weiten Bogen um den Bahnhof und kamen zu einem stillgelegten Streckenabschnitt. „Hierher, Lilly. Hinter dem Abstellgleis", rief Tante Mona. „Hier beginnt der Weg. Und denk dran: immer schön langsam!" Schnell wäre auch gar nicht gegangen. Jeder Meter Wegstrecke war eine ungeheure Kraftanstrengung. Manchmal meinte Lilly, auf der Stelle zu treten. Sie waren seit einer Stunde unterwegs, aber Lilly kam es vor wie eine Ewigkeit. Die Beine taten ihr weh, die Füße wurden bleischwer. Sie begann zu schwitzen. „Ist es noch weit, Tante Mona?", fragte Lilly immer wieder. „Wenn wir langsamer gehen, nicht", war die immergleiche Antwort der Tante. Eine weitere Stunde verging wie im Zeitlupentempo. „Ich kann mich nur noch im Schneckentempo bewegen, Tante Mona", stöhnte Lilly. „Geht mir genau so", sagte Tante Mona und lächelte. „Das ist ein gutes Zeichen. Dann sind wir gleich da." Wenig später sahen sie in der Ferne so etwas wie ein Zeltdorf. „Schau mal, da hinten, Lillylein", rief Tante Mona. „Die Häuser der Schnirkelschnecken. Nur noch wenige Schritte." Und tatsächlich, sie hatten es geschafft. Endlich. „Am Ziel!" Tante Mona wischte sich den Schweiß von der Stirn. „Willkommen in Pomali!", sagte sie und ließ sich ins Gras fallen.

Tante Mona rollte ihren Seesack von den Schultern, angelte eine Decke daraus hervor und breitete eine Thermoskanne Tee und Brot und Käse und Tomaten darauf aus. Und schließlich auch noch sich selbst. „Setz dich, Lilly. Das haben wir uns verdient: Picknick im Grünen." Lilly ließ sich auf die Decke plumpsen und fischte ein paar Schokoriegel aus dem Rucksack. „Magst du auch?", fragte sie. Tante Mona nickte. Dann aßen sie und schwiegen eine ganze Weile.

„Jetzt geht's mir besser", sagte Lilly und reckte und streckte sich. Dann stand sie auf und schaute sich um. „Was machen wir nun? Wollen wir gleich unser Ferienhaus beziehen?" „Immer schön langsam", antwortete Tante Mona. „Wir haben Zeit." „O Schreck!" rief Lilly und schaute auf ihren linken Arm. „Meine Uhr ist weg. Ich muss sie verloren haben." „Und meine ist stehen geblieben", stellte Tante Mona fest. „Macht nichts. Richten wir uns …" … nach dem Mond, wollte sie sagen, aber da war Lilly schon davongelaufen.

„Da hinten ist eine Einheimische, die frage ich mal schnell!", rief Lilly und sprang auf eine Schnirkelschnecke zu, die wenig entfernt unter einem Baum döste. Als Lilly näher kam, segelte gerade ein Blatt vom Baum. Lilly beobachtete, wie die Schnecke ihre Fühler ausstreckte, bei geschlossenen Augen mit der Zunge nach dem Blatt angelte und gemächlich mit schmatzenden Lauten darauf herumkaute. „Guten Appetit!" sagte Lilly, und die Schnirkelschnecke öffnete langsam ein Auge und schaute erstaunt in Lillys Gesicht. „Da … ha…ben … wir … den … Sa… la… t … te… te… te. Ein… n… ein n… ein … Men… schen …

kind… chen, chen, chen." Die Schnecke sprach langsam und dehnte jede Silbe in die Länge wie einen Kau-
gummi. Es dauerte nach Menschenzeit fünfzehn Minuten, bis sie den Satz beendet hatte. Dann grinste sie
süßlich und schloss ermattet die Augen. Lilly klopfte
an die Tür des Schneckenhauses. „Entschuldigung, wie
spät ist es?"

Die Schnecke öffnete unwillig ein Auge. „Weiß
nich… ch … ch … ch. Wir … hier … ha… ben …
die … Zeit … ver… ges… sen, sen, sen!" Es machte
„Ratsch", die Schnirkelschnecke hatte sich in ihr Rund-
dachhaus zurückgezogen und den Vorhang zugezogen.

„Im Sich-Zurückziehen ist sie jedenfalls schnell",
murmelte Lilly. Dann sprang sie auf und hockte sich vor
eine zweite und vor eine dritte Schnecke. Jedes Mal das-
selbe: Kaugummi-Antworten im Zeitlupentempo, aber
keine Auskunft zur Uhrzeit. Lilly lief zurück zu Tante
Mona. „Lahmer Haufen!" rief sie empört. Tante Mona
lächelte nur. „Guck mal, die schönen, wilden Vorgärten."

Lilly hatte keinen Blick für die wundersamen Dinge
um sie herum. Tante Mona hingegen schaute und
überlegte und rechnete und machte sich Notizen. Sieh
an, zu jedem Schnirkelschnecken-Landhaus gehörte
ein hübscher, kleiner Vorgarten mit allerlei Grünzeug
darin. Gartenlattich, Kopfsalat, Feldsalat und Endi-
vien. Tante Mona zählte die Schnecken. Offensichtlich
hatte Pomali nicht wenige Einwohner. Allein hier im
ländlichen Bereich waren es ja mindestens … Sie zück-

te ihren Taschenrechner. Die Schnecken ließen sich durch Tante Monas Studien nicht aus der Ruhe bringen. Sie schliefen oder aßen. Neben einem leisen Schnarchen war nur noch ein mahlendes, schmatzendes Geräusch zu hören. Lilly trat ungeduldig auf der Stelle und verzog das Gesicht. „Ich finde, hier riecht es komisch, Tante Mona …", sagte sie und hielt sich die Nase zu. Tante Mona schmunzelte. „Dir ist stinklangweilig, das ist alles", erklärte sie. „Wenn du genauer hinschaust, verzieht sich auch der Geruch. Na, komm. Brechen wir auf. Ganz in der Nähe befindet sich das Ferienhaus, das ich vor einem Monat angemietet habe." Sie packten ihre Siebensachen und marschierten auf ein kleines Waldgebiet zu. Vor einer Lichtung machten sie Halt.

„Da sind wir, Lillylein!", sagte Tante Mona und nickte zufrieden in Richtung einer alten Kastanie. Die Abendsonne fiel durch die grünen Zweige des Baumes. „Dachgeschoss Mitte. Den Boden habe ich vor vier Wochen verlegt. Das Blätterdach wurde erst diesen Frühling frisch gedeckt. Türen brauchen wir nicht. Hier gibt es weder Einbrecher noch Zwei- oder Dreibrecher." Lilly staunte nicht schlecht. Ein Baumhaus. Wie sagte Tante Mona doch immer: Nicht ich *muss*, sondern ich *darf* mich wundern! „Ich darf mich wundern, Tante Mona!", sagte Lilly leise und kletterte hinter ihrer Tante den Baum hoch. Oben angekommen, kramte Tante Mona wieder in ihrem dunkelgrünen Seesack. „Erstens: die Strickleiter. Zweitens: ein paar

Konserven. Und drittens: unsere Betten ... die Matratzen sind zwar ziemlich durchlöchert", meinte sie zu Lilly, „aber atmungsaktiv. Salat und Früchte gibt der Wald-Selbstbedienungsladen her. Ein Vollbad können wir im nahegelegenen See nehmen. Okay?"

„Okay!", sagte Lilly und lachte.

Langsam, aber sicher, und Lilly und Mona waren in ihre Schlafsäcke gekrochen. Langsam, aber sicher, und sie hatten sich in die netzartigen Hängematten gelegt. Langsam, aber sicher, und die Sonne war untergegangen. „Morgen fahren wir nach Pomali City, dann beginne ich mit meinen Großstadt-Studien", murmelte Tante Mona. „Bis dahin habe ich auch meine Brille gefunden." Aber das hörte Lilly schon nicht mehr.

Am nächsten Tag machten sie sich nach einem ausgedehnten Frühstück auf den Weg in die Hauptstadt. Sie verließen das Dorf und bogen auf die Hauptstraße ein. „Nanu", wunderte sich Tante Mona. „Hier kommen wir ja nur sehr schleppend voran ..."

„An das Tempo gewöhne ich mich nie", stöhnte Lilly.

„Schau mal, Lillylein. Interessant, diese vielen Raststätten auf dieser Strecke", sagte Tante Mona. „Und alle naslang ein schwarzer Punkt als Hinweis auf eine Service-Station. Was das wohl wieder bedeutet?"

„Keine Ahnung", brummelte Lilly. Dann sahen sie ein paar Schnecken vor sich. Offensichtlich hatten sie und die Schnecken ein gemeinsames Ziel. Auch die Schnecken schoben ihre Körper mühsam vorwärts. Sobald sie einen der schwarzen Hinweispunkte erreichten, machten sie abrupt Halt, rissen überrascht die Augen auf, gähnten kurz auf und schleppten sich schwerfällig zur Service-Station.

Tante Mona setzte ihre Brille ab und putzte sie mit ihrem Nickituch, das sie sich um den Hals gebunden hatte. „Natürlich, wieso bin ich nicht gleich drauf gekommen? Die Schnecken wissen aus jahrelanger Erfahrung, dass sie nach zwei Metern Wegstrecke müde werden und einschlafen. Deswegen haben sie ihre Straßen entsprechend markiert. Wenn sie den schwarzen Punkt erreichen, wissen sie: Hoppla, gleich erreiche ich meinen toten Punkt. Nichts wie weg, an den Straßenrand, auftanken und Platz machen, damit ich die Straße nicht blockiere und einen Stau verursache!" Lilly stand mit offenem Mund da.

„Ich darf mich wundern, Tante Mona", sagte sie nur und schaute den Schnecken nach. „Wo wollen die bloß alle hin?" Tante Mona packte zwei Butterbrote aus ihrem Rucksack, reichte eines davon Lilly und lud sie ein, neben sich auf einem großen Baumstamm Platz zu nehmen. „Tja, Lillylein. In Pomali ist zur Zeit Frühling, wie du ja bemerkt hast. Ich nehme an, die veranstalten hier ein Fest. Das würde mich nicht wundern. Wir müssen jetzt aber unbedingt den Hauptweg verlassen. Bei den Hauptwegen scheint es sich ausnahmslos um Kriechspuren zu handeln. Das erklärt unser zeitraubenden Fortkommen."

Die Schnecken, die sie überholten, schauten überrascht und runzelten die Stirn. Sie grübelten eine Weile angestrengt nach und schlichen dann mit offenem Mund weiter. Manche von ihnen drehten sich ein paar Mal nach ihnen um. Schließlich aber glättete sich ihre Stirn wieder und sie krochen dann süßlich lächelnd weiter. „Seltsam", dachte Lilly. Als hätte Tante Mona die Gedanken ihrer Nichte erraten, erklärte sie: „Weißt du, Lillylein, die Schnecken sind auch im Denken sehr langsam. Es dauert eine Ewigkeit, bis sie sich überhaupt Gedanken machen. Bevor sie einen vernünftigen Gedanken fassen können, haben sie schon wieder vergessen, worüber sie nachdenken wollten, die lieben Guten!" Aber Lilly war schon wieder fortgelaufen, auf eine Schneckendame zu, um sie zu fragen, wie weit es noch sei nach Pomali City. Die Schneckendame riss erstaunt die Augen auf, als sie von Lilly angesprochen wurde und sagte dann irritiert: „Wie weit... eit ... eit ... eit? Keine Zeit, ...eit, ...eit, ...eit? Gemach, ... gemach, ... ach, ... ach – ach!" Es dauerte wiederum fünfzehn Minuten nach menschlichem Zeitempfinden, bis die Schnecke ihre kurzen Sätze beendet hatte. Lilly verdrehte die Augen und die Schnecke schlich kopfschüttelnd von dannen. Das gedehnte „ach, ach, ach, ach" wurde immer leiser.

„Wie schaffen es die Schnecken überhaupt die Schule zu beenden, bevor sie steinalt sind, Tante Mona?", fragte Lilly. „Bis die Lehrerin eine Antwort bekommen hat, ist ja schon die halbe Schulstunde vorbei!" Tante Mona erklärte, dass in Pomali Slowmo gesprochen werde, die offizielle Landessprache. Und dass die Schnecken den meisten Unterricht verschliefen. „Deshalb heißt die Schule hier auch Penne", sagte sie.

Ehe sie sichs versahen, waren sie mitten in Pomali City. An jedem Baum hing ein Plakat mit der Aufschrift: „Heute großes Bummelei-Fest mit Trödelmarkt." Tante Mona und Lilly steuerten auf den Marktplatz zu. In der Mitte des Platzes thronte ein riesiges Ei: das Bummelei. Um das Bummelei herum waren Marktbuden und Zelte aufgebaut. Eine Salatbar reihte sich an die andere. Junge und alte Schnecken, Single-Schnecken, Schneckenfamilien und Schneckenpaare schlichen über die Piazza. Tante Mona hatte inzwischen ihren zweiten Notizblock aus dem Rucksack hervorgeholt, ein zweiter Bleistift klemmte hinter ihrem linken Ohr, und sie schaute sich aufmerksam um. „Was hältst du davon, wenn wir mal in das eine oder andere Zelt schauen?", fragte sie. „Ja, gern", sagte Lilly. „Warum nicht gleich hier?"

Sie betraten ein Festzelt, in dessen Mitte ein Tisch stand. In dem Tisch waren mehrere verchromte Stangen eingelassen, die man drehen konnte. An den beiden schmalen Enden des Tisches standen jeweils zwei Schnecken. „Klasse! Tischkicker!", rief Lilly. „Da ist noch ein freier Tisch, wollen wir ein Match wagen? Und womit bezahlt man überhaupt?" „Die offizielle Währung … in Pomali … ist … hmm … ist der Schlendrian. Hab welche … hmm, hmm, … im Geldbeutel …", murmelte Tante Mona; sie war jetzt sehr mit ihren Notizen beschäftigt. Lilly schaute in ihren Geldbeutel und fand darin ein paar Münzen. Sogleich trat sie an den freien Tisch heran und warf eine der Münzen in den Schlitz. Die Stangen schienen eingerostet zu sein. Sie ließen sich kaum bewegen. Dann stutzte Lilly. Was war denn das? Anstelle der Fußballspieler-Figuren hingen an den Stangen Däumchen. Natürlich, wie sollte es auch anders sein. Die Schnecken drehten Däumchen, und zwar im Schneckentempo. Lilly steckte ihr Portemonnaie wieder ein. „Komm, wir gucken mal, was nebenan ist, Tante Mona."

Sie betraten das zweite Zelt. Darin war wiederum nichts als ein Tisch, ... und auf der Platte lag ... Lillys Armbanduhr! Gerade hob eine schwergewichtige Schnecke einen wuchtigen Hammer und ließ ihn auf das Uhrglas fallen. Das Spiel hatte den schaurigen Namen: „die Zeit totschlagen." Lilly lächelte. „Macht nichts", sagte sie. „Ich darf mich wundern!", staunte Tante Mona und schaute Lilly mit großen Augen an. „Na ja, es war keine teure Uhr, Tante Mona", sagte Lilly. „Und zu Hause habe ich ja noch viele Uhren. Zu viele, glaube ich." Tante Mona legte den Arm um Lillys Schulter. „Weißt du: Sie werden die Uhr gefunden haben, Lillylein. Gestohlen wird in Pomali nichts. Vor allem keine Zeit. Davon haben sie ja hier selber mehr als genug."

Zu guter Letzt besuchten sie noch das Zelt des Großen Zauderers Schneck. Dort saßen sie eine halbe Stunde, bis der Zauberer Schneck endlich auf der Bühne erschien, er kratzte sich unentschlossen am Kopf, überlegte hin und her und verschwand wieder hinter dem Vorhang. Das wiederholte sich einmal, zweimal, dann verließen Lilly und Mona die Vorstellung. Sie liefen über den Trödelmarkt, um ein Andenken mit nach Hause zu nehmen. Die Auswahl an Trödelware war enorm. Schlafmützen, Geduldsfäden, eintönige Blasinstrumente oder Wintermäntel aus Faulpelzen wurden von immermüden Schnecken feilgeboten. „Und was nimmst du, Lillylein?", fragte Tante Mona. Lilly entschied sich für ein paar Geduldsfäden für sich und ihre Mutter und bezahlte mit drei Schlendrian. Dann verließen sie das Bummelei-Fest. Während sie gingen, betrachtete Lilly nachdenklich die Geduldsfäden, Tante Mona schrieb in ihr Notizbuch und schaute Lilly ab und zu lächelnd von der Seite an.

Abends setzten sie sich auf einen breiten Ast der Kastanie und ließen die Beine baumeln. Lilly träumte ins Blaue hinein und summte ein Lied. Tante Mona kritzelte etwas in ein Buch. „Erstaunlich!", murmelte sie. „Aber ich komme immer wieder zu demselben Ergebnis."

„Ich auch", seufzte Lilly zufrieden. „Die Luft ist herrlich mild und schau mal dort, wie hübsch der See glitzert." Tante Mona lächelte und schaute auf den See. „Hör mal, Lillylein", sagte sie. „Nach Pomali-Zeit sind erst zwei Tage vergangen, aber nach unserer Zeit bereits zwei Wochen. Es hilft nichts, übermorgen müssen wir abreisen. Ich habe deiner Mutter versprochen, dass wir pünktlich zurück sind." – „Och, schon?", fragte Lilly. „Aber den morgigen Tag genießen wir dann um so mehr, ja?" „Logisch!", sagte Tante Mona und klappte ihr Rechenbuch zu.

Den letzten Tag kosteten sie in voller Länge aus, dann traten sie die Heimreise an. Sie benötigten kaum Zeit dafür, denn aus Pomali heraus kommt man nur auf dem schnellsten Weg.

Am Bahnhof umarmten sie sich lange und versprachen, sich bald wiederzusehen. Lilly trottete nach Hause. Auf dem Balkon sah sie ihre Mutter stehen und winken. Lilly bückte sich und pflückte ein paar Blümchen für sie. Dann schlenderte sie gemütlich weiter und betrachtete die weißen Blütenblätter. Zum ersten Mal fiel ihr auf, dass hier Gänseblümchen wuchsen.

Zwerg Zwiebelmütze

Vorlesezeit: 10 Minuten
Themen: Habgier, Reichtum, Schlaf, Ehrlichkeit

Zwerg Zwiebelmütze war der Bösewicht unter den Gutewichten. Er war leider ein Räuber. Seiner Meinung nach war das vererbt, eine Art Familienkrankheit. Vor langer Zeit waren seine Vorfahren Seeräuber gewesen. Dann waren Seeräuber aus der Mode gekommen und Zwiebelmützens hatten auf Landräuber umgesattelt. Irgendwann wurden sie geschnappt und ins Gefängnis geworfen. Da waren sie ganz klein mit Hut und fortan Zwerge.

Zwerg Zwiebelmütze glaubte, noch immer etwas von einem See- und Landräuber im Blut zu haben. Welchem der beiden Berufe sollte er nun nachgehen, vielleicht der Seeräuberei? Aber das Meer war so weit. Also entschied er sich für Landräuber und tröstete sich: Nach seiner Pensionierung konnte er ja immer noch ans Meer ziehen und am Strand spazieren gehen und die Füße ins Wasser tauchen, vorausgesetzt, das Wasser war warm und es schwammen keine schwabbeligen oder feuerspeienden Quallen darin. Er würde im Strandkorb sitzen und frech in die Sonne blinzeln ...

Zwerg Zwiebelmütze wurde also ein Räuber im landläufigen Sinne. Er stahl den Menschen Gold und Silber und Edelsteine und alles, was funkelte und glänzte. Das Diebesgut bunkerte er in seinem Bergstollen. Eines Tages hatte er genug von dem Glitzerzeugs. Da kam er auf die Idee, den Menschen den Schlaf zu rauben. Zwerg Zwiebelmütze wusste nämlich, dass der Schlaf so kostbar war wie Gold und Edelsteine. Die Menschen schienen das vergessen zu haben. Sie legten keinen großen Wert auf den Schlaf.

Wenn das Sandmännchen auf seinem Wölkchen angeschwebt kam und den Menschen den feinen Schlafsand in die Augen bröseln wollte, lagen die Menschen nicht in ihren Betten. Sie saßen vor dem Computer oder vor dem Fernseher. Oder sie waren überhaupt nicht zu Hause, sondern tummelten sich in ihren Büros oder Einkaufszentren. Zwerg Zwiebelmütze hatte auch ausspioniert, dass das Sandmännchen strikte Order hatte, den Sand nur in den Schlafzimmern zu verteilen. Es streute den Schlaf auf die Kopfkissen der Einzel- und Doppelbetten, weil es wohl hoffte, der Schlaf würde auf diese Weise in die Augen der Menschen gelangen.

Zwerg Zwiebelmütze „lieh" sich einen Handstaubsauger und einen Jutesack. Er schlich sich in die Schlafzimmer der Menschen, saugte den Sand von den Kissen und füllte ihn in den Jutesack. Säckeweise Schlafsand schleppte er in seinen Bergstollen. Niemand sah ihn auf seinen Beutezügen. Seine Mütze machte ihn nämlich unsichtbar. Deshalb behielt er die Mütze auch immer auf dem Kopf – selbst, wenn er schlief. Bald hatte er Schlaf gescheffelt wie Sand am Meer. Er „organisierte" sich einen Strandkorb und beschloss, sich einen Privatstrand zuzulegen. Nacht für Nacht schippte er Sand, soviel wie er kriegen konnte. Er füllte den Jutesack bis zum Rand voll. Schließlich wurde der Stoff am Boden etwas löchrig und es ging ein wenig Sand verloren. Egal, die paar Krümel konnte Zwerg Zwiebelmütze leicht verschmerzen – bei der Menge, die er schon zusammengerafft hatte.

Indes wurden die Menschen immer übellauniger und nervöser und müder. Sie gähnten wie die Löwen. Sie stritten. Sie erledigten ihre Arbeit nur noch mit Mühe. Das Allerschrecklichste war, sie bauten sogar Unfälle, denn nun bekamen sie überhaupt keinen Schlaf mehr. Mir scheint, ich verpulvere den wertvollen Sand sinnlos, dachte das Sandmännchen betrübt und bat um einen Termin bei seiner Vorgesetzten.

Frau Dr. Schlummertief-Schlafschön war bereits zu Ohren gekommen, dass die Menschen neuerdings unter absoluter Schlafnot litten. Als das Sandmännchen ihr Büro betrat, erhob sie sich von ihrer Chaiselongue und schwebte leicht wie eine Daunenfeder auf ihren Besucher zu, obwohl sie recht füllig war. „Liebes, gutes Sandmännchen", sagte sie mit einem freundlichen, kurzen Kopfnickerchen und bot dem Sandmännchen einen Ruhesessel an. „Was muss ich hören? Die Menschen bekommen keinen Schlaf mehr, obwohl Ihr das hohe Gut regelmäßig und jeden Abend verteilt, wie es Euer Auftrag ist. Habt Ihr wohl eine Erklärung dafür? Hm?" Das Sandmännchen schüttelte traurig den Kopf. „Nein", sagte es. „Und das raubt mir den letzten Schlaf."

Frau Dr. Schlummertief-Schlafschön horchte auf. Ich glaube, ich werde morgen mal eine Nachtschicht einlegen, dachte sie. Schnüffel nehme ich mit.

Schnüffel war der Wachhund von Frau Dr. Schlummertief-Schlafschön. Er hatte eine süße, schwarze Schnüffelnase und ein puscheliges Plüschfell und stand auf einem Holzbrett mit vier Rädern. Und einen Knopf im Ohr hatte er auch. Frau Dr. Schlummertief-Schlafschön wühlte sich aus ihrem Sofakissen- und Deckenberg und reichte dem Sandmännchen die Hand und versprach, sich um die Angelegenheit zu kümmern.

In der nächsten Nacht kam das Sandmännchen wie immer auf seiner Wolke angeflogen, es schwebte dabei ganz sacht, und der Mond am Himmel droben hielt derweil schon Wacht. Abend wollte es wieder werden, niemand ging zur Ruh. Und die Menschen auf der Erde machten keine Augen zu.

Auch Frau Dr. Schlummertief-Schlafschön und Schnüffel waren noch auf den Beinen. Gerade bestiegen sie den Nachtexpress und fuhren mit dem Mondschein-Tarif Richtung Erden-Hauptstadt. Kurz vor

Mitternacht erreichten sie ihren Zielbahnhof. Im Stadtzentrum fiel ihnen zunächst nichts auf, außer dass zu nachtschlafender Zeit noch viele Einkaufsläden geöffnet hatten und viele übernächtigte, überarbeitete Menschen unterwegs waren.

Schließlich kamen sie in die Außenbezirke der Erden-Hauptstadt und von dort in die waldigen, ländlichen Gebiete und endlich in die Nähe eines Bergwerks – und siehe da, Schnüffel wurde auf einmal sehr lebhaft und zerrte an der Leine und bretterte auf und davon. Guck an, dachte Frau Schlummertief-Schlafschön, Schnüffel hat eine Fährte aufgenommen, nichts wie hinterher. Trotz ihrer Fülle war sie recht sportlich. Zehn Minuten Dauerlauf und ein kurzer Sprint und schon befanden sie sich vor dem Eingang eines riesigen Bergstollens – und Schnüffel bellte wie wild: da! – Ein herrenloser Jutesack schleppte sich über die Straße und näherte sich ihnen. Jetzt blieb er abrupt stehen und sackte in sich zusammen.

Schreck lass nach!, dachte Zwerg Zwiebelmütze. Da ist mir wer auf die Schliche gekommen. Eine Dame und ein Hund, der Skateboard fährt, patrouillieren vor meinem Stollen. Aus der Traum, er war entdeckt worden. Sicher warteten die zwei nur auf Verstärkung. Seinen Privatstrand konnte er vergessen. Nichts wie weg zum nächsten Hafen. Er würde versuchen, auf einem Piratenschiff anzuheuern. Piraten hatten seit einiger Zeit wieder Hochsaison. Ab durch die Mitte. Zwerg Zwiebelmütze nahm Reißaus …

Frau Dr. Schlummertief-Schlafschön zog ihr Handy aus ihrem Schlafrock. Sie führte ein paar Telefonate und ließ den Schlafsand in die Sandmännchen-Speicherstadt zurückbefördern. Während sie noch telefonierte, war sie plötzlich umringt von vielen wuseligen Gutewichten, die durch Schnüffels lautes Bellen aus ihren unterirdischen Höhlen aufgescheucht worden waren. Die Gutewichte waren in heller Aufregung, als sie von Zwerg Zwiebelmützens Räuberhöhle erfuhren. Sie versprachen, den gestohlenen Schmuck so schnell wie möglich an die rechtmäßigen Besitzerinnnen zurückzubringen.

Die Menschen werden aus allen Wolken fallen, wenn ihre Safes und Schmuckschatullen über Nacht wieder mit Gold und Silber gefüllt sind, dachte Frau Dr. Schlummertief-Schlafschön. Sie werden so gut schlafen wie lange nicht mehr. Tss, tss. So sind sie halt.

Dann machte sie sich auf den Heimweg. „Was hältst du von etwas Bewegung, Schnüffel?", fragte sie ihren kleinen Begleiter. „Lass uns zu Fuß gehen. Später können wir ja immer noch den Sonnenaufgang nehmen."

Zwerg Zwiebelmütze stiefelte über die Landstraße Richtung Küste. Er summte ein paar Seemannslieder. Was für ein Hochbetrieb auf den Straßen. Irgendein bedeutender Gutewicht musste runden Geburtstag haben. Wieso sonst waren so viele Wichte mit Schmuckkästchen unterwegs? Plötzlich lief ihm eine kleine, freundliche Gutewichtin über den Weg. „Donnerwetter, Zwiebelbretter. Die lächelt aber hübsch!", dachte

Zwerg Zwiebelmütze und zog die Mütze vor ihr. Als Mutbeweis. Weil – ohne Mütze ist ein Zwerg ja enttarnt und somit sichtbar für die Menschen.

Eines hatte der mutige Zwerg dummerweise vergessen. Sobald er seine Mütze lüftete, war er gleichzeitig unsichtbar für die Wichtel. Die hübsche Gutewichtin sah ihn also gar nicht. Sie hätte ihn ohnehin übersehen. Angeber übersah sie grundsätzlich. Dafür sah den Zwerg jemand anders. „Tss, tss", murmelte Frau Dr. Schlummertief-Schlafschön und packte Zwerg Zwiebelmütze am Schlafittchen. „Wir suchen noch Mitarbeiter für den ‚gehobenen' Außendienst", brummte sie und setzte dem zappelnden Zwerglein eine Sandmännchen-Schlafmütze auf. „Die Zwiebelmütze muss sowieso dringend mal in die Reinigung."

Zwerg Zwiebelmütze wurde aushilfsweise in den Sandmännchen-Dienst übernommen. Er hatte beide Hände voll zu tun, den Schlafrückstand bei den Menschen wieder gutzumachen. Zu seiner eigenen Überraschung machte ihm die Arbeit sogar Spaß. Anscheinend hatte er eine schwärmerische Hinwendung zu Sand. Als er nach einem halben Jahr entlassen wurde, zog er ans Meer. Wenn die Sonne untergegangen war, spazierte er am Strand entlang und tauchte die kleinen Füße ins Wasser. Oder er setzte sich in einen der leeren Strandkörbe und schaute auf das schillernde Meer. Nachts, wenn der Strand leer war, baute er herrliche Sandburgen, die reinsten Kunstwerke. Die Strandbesucher staunten jeden Morgen aufs Neue – so schön anzusehen waren die Sandburgen. Zwerg Zwiebelmütze staunte auch. Über sich selbst. Irgendwer in der Familie musste ein Künstler gewesen sein – oder wenigstens ein Romantiker.

Der Brummkreisel

Vorlesezeit: 8 Minuten
Themen: Liebe, Egoismus, Eitelkeit, Beziehung

Der Brummkreisel hatte sich gut eingelebt im Spielzeugmuseum. Vor drei Jahren war er hier eingezogen: wenige
Wochen, nachdem Jakob hochbetagt gestorben war. Jakob hatte sein Leben lang mit einer kindlichen Liebe an
dem Blechspielzeug gehangen. Vielleicht hatte die Familie den nostalgischen Drehkreisel deshalb nicht auf den
Müll geworfen, sondern ins Spielzeugmuseum gebracht.
Behalten wollte ihn jedenfalls keiner.

Anfangs hatte sich der Brummkreisel unwohl ge-
fühlt in der neuen Umgebung. Er vermisste Jakob und
das ruhige, beschauliche Dasein in der oberen Regalecke des großen Arbeitszimmers, in dem die Wanduhr
gleichmäßig tickte und Jakob Abend für Abend
schweigend über seinen Briefmarkenalben saß. Wie
anders war das Leben hier im vierstöckigen Spielzeugmuseum. Hier waren Spielzeuge von unterschiedlichs-
tem Temperament und Aussehen untergebracht: knor-
riges Holzspielzeug, aufgedrehte Aufziehfiguren,
trotzige Spielburgen, zappelige Marionetten, modernes

technisches Verkehrsspielzeug. Puppen, Plüschtiere und Comicfiguren aus Kunststoff. Sie kamen aus allen Ländern der Erde und klapperten und schnurrten und quietschten und brummten in allen Geräuschen der Spielzeugwelt. Selbst die scheinbar stummen unter ihnen konnten sprechen. Man musste nur richtig mit ihnen reden und vor allem gut zuhören, schon antworteten sie einem. Kein Wunder, dass das Spielzeugmuseum jeden Tag viele Besucher anzog. Still wurde es hier erst am Abend, wenn das Museum geschlossen hatte.

Besonders aufregend waren für die Spielzeuge die wöchentlichen Familienführungen, die sogenannten Rundgänge „zum Schauen und Spielen". Dann durften die Stoffpuppen vorsichtig in den Arm genommen und innig ans Herz gedrückt, die Holzautos artig über den Fußboden gerollt, die Ritterburgen ehrfürchtig bestaunt werden. Dann freuten sich die Erwachsenen wie die Kinder. Und die Spielzeuge freuten sich auch. Für sie gab es nichts Schöneres als spielen zu dürfen.

Bei den Familienführungen schlug auch immer die Stunde des Brummkreisels. Wenn der Museumsangestellte den Brummkreisel in die Mitte des Raumes setzte und den Holzgriff herunterdrückte, der sich am Ende des Metallstabes befand, – hurra! – dann drehte sich der Brummkreisel und summte und brummte und sang. Die Besucher standen im Kreis und lachten und einer nach dem anderen drückte den Holzgriff des Brummkreisels, als wäre es eine Hand, die er ihnen zum Tanz reichte – und der Brummkreisel drehte sich schneller und schneller und sang immer lauter.

Es dauerte nicht lange, und der Brummkreisel hatte Jakob vergessen. Eine Weile hatte er noch an ihn gedacht, aber mehr und mehr erschien ihm das Leben mit Jakob als eine einzige Langeweile, ja als eine Zumutung. Wenn er sein jetziges Leben bedachte, war er manchmal direkt wütend auf Jakob. In eine Regalecke gestellt zu werden anstatt in die Mitte des Raumes. Schließlich war er ein Brummkreisel, der sich drehen musste. Zugegeben, manchmal war er an Jakobs Geburtstag aus der „Bücherregal-Versenkung" geholt worden. Aus Tradition, denn Jakob hatte den Brummkreisel zum fünften Geburtstag geschenkt bekommen. Aber diese „Jubiläumsauftritte" waren in den letzten Jahren immer seltener geworden. Meistens hatte der Brummkreisel still gestanden bei Jakob – wie die Zeit. Jetzt stand er endlich wieder regelmäßig im Mittelpunkt des Geschehens.

Eines Morgens trat die Museumsdirektorin mit einer Schmuckkassette aus Madagaskar-Ebenholz vor die Vitrine des Brummkreisels. Die Direktorin strich zärtlich über das Ebenholz und sprach ein paar erklärende Worte zu dem Angestellten, der herbeigeeilt kam. Dann drehte sie an einem kleinen Seitenrad des Kastens, der Deckel sprang auf, ein Glockenspiel erklang und oh! zum Vorschein kam eine wunderschöne Primaballerina. Die Tänzerin faltete die Arme über den Kopf und drehte sich auf den Zehenspitzen wie eine

Elfe. Sie trug ein romantisches Kleid und in der Hand hielt sie eine Rose. Eine Tänzerin, dachte der Brummkreisel. Eine Tänzerin, wie ich.

Er verliebte sich. War er jemals so verliebt gewesen? Der Brummkreisel hatte die Frage noch nicht zu Ende gedacht, da verstummte die Melodie. Die Tänzerin stand still und legte den Kopf huldvoll zur Seite. Dabei fiel ihr Blick auf den Brummkreisel. Sie verliebte sich. Sofort und auf der Stelle. War sie jemals so verliebt gewesen? Sie tat, als würdigte sie den Brummkreisel keines Blickes. Er schaute sie an, das genügte. Die Museumsdirektorin lächelte, und schon schloss sich der Ebenholz-Deckel über der Tänzerin wie von Geisterhand. Die Direktorin stellte das Schmuck-Kästchen zurück in die Vitrine und verließ mit dem Angestellten den Raum. Der Brummkreisel starrte auf das Kästchen wie auf eine Schatztruhe, zu der ihm der Schlüssel fehlte. Danach betrachtete er sein Spiegelbild im Vitrinenglas. War er jemals so verliebt gewesen?

Am nächsten Tag fand die wöchentliche Familienführung statt: der Rundgang zum Schauen und Spielen. „Und hier ein besonders schöner Musikkreisel", erklärte der Museumsangestellte der Besuchergruppe, die ihm auf Schritt und Tritt folgte. „Dieser kann an die zwanzig Kinderlieder singen." Der Museumsangestellte nahm den Brummkreisel aus der Vitrine, setzte ihn in die Mitte des Raumes und drückte den Knauf. Hurra!, wieder drehte und drehte sich der Brummkreisel und begann zu singen.

Die Museumsbesucher standen im Kreis um ihn herum und einer nach dem anderen drückte den Holzgriff des Brummkreisels, als wäre es eine Hand, die er ihnen zum Tanz reichte. Der Brummkreisel drehte sich immer schneller und sang immer schöner und immer lauter. Während er sich drehte, mischten sich seine Farben zu neuen, herrlichen Farbtönen. Die Menschen lachten und klatschten in die Hände und der Brummkreisel wirbelte herum, bis ihm fast schwindelig wurde. Er dachte an die Primaballerina. Seine Darbietung musste einen starken Eindruck auf sie machen.

Nach einer Viertelstunde war der Auftritt des Brummkreisels vorbei. Der Museumsangestellte hob ihn zurück in die Vitrine und nahm nun die Schmuckschatulle mit der Primaballerina in beide Hände, er drehte an dem Seitenrad, der Deckel hob sich, die schöne Melodie erklang, die schöne Tänzerin drehte sich zur Musik. Der Brummkreisel lehnte müde an der Seite des Vitrinenglases und betrachtete sein Spiegelbild. Hin und wieder fiel sein Blick auf die tanzende Primaballerina. War er jemals so verliebt gewesen?

So ging es immer weiter. Der Brummkreisel und die Spieluhr-Tänzerin drehten und drehten sich weiter um sich selbst. Miteinander tanzten sie keinen einzigen Tanz. Auch kümmerte es den Brummkreisel nicht, dass die Spieluhr-Ballerina in der dunklen Kassette verschwinden musste, sobald ihr Auftritt beendet war. Genau so wenig kümmerte es die Spieluhr-Tänzerin, dass der Brummkreisel immer müde zur Seite kippte, wenn er seinen Tanz beendet hatte. Sie bemerkten das nicht einmal. Trotzdem hielten sie sich für das größte Liebespaar des Spielzeugmuseums. Sie drehten und drehten sich – um sich selbst.

Deshalb endet hier die Geschichte vom Brummkreisel und der Spieluhr-Tänzerin, bevor sie jemals richtig begonnen hat. Eine traurige, ziemlich „verdrehte" Geschichte, oder?

Kleiner Vogel Ritter

Vorlesezeit: 15 Minuten
Themen: Mutter, Familie, Einsamkeit, Außenseiter, Liebe

Wenn ihn nicht alles täuschte, war er in diesem Moment aufgewacht – zum ersten Mal in seinem Leben. Der kleine Vogel Ritter konnte sich nicht daran erinnern, jemals vorher in seinem Leben aufgewacht zu sein. Er wunderte sich, dass es ihn auf einmal gab und dass er in einem Kasten-Ei hinter Gitterstäben saß. Und nun? Ganz einfach: Jemand würde das Kasten-Ei in ein Nest legen, Mama würde es ausbrüten, und er musste nur noch schlüpfen. Dann war er auf der Welt. Der kleine Vogel Ritter blinzelte durch die Gitterstäbe. Dunkel war es in Mamas Bauch und recht geräuschvoll. Es wummerte und brummerte und klickte und klackte. Offensichtlich war er nicht das einzige Vogelküken in der Tiefe des Bauches. Soweit er bei der funzeligen Beleuchtung erkennen konnte, stapelten sich hier unten noch mehrere Käfig-Eier.

Irgendetwas verursachte dem kleinen Vogel Ritter mit einem Mal einen schmerzhaften Druck auf den Ohren, dann gab es einen Ruck. Er bekam einen furchtbaren Schrecken und wagte keinen Muckser oder Piepser mehr. Auch das Wummern und Brummern verstummte. Der kleine Vogel Ritter schluckte. Da ließ der Druck in den Ohren nach. Eine Tür des Mutterbauches wurde geöffnet, zwei Männer in orangefarbenen Overalls kamen und trugen die Käfig-Eier hinaus ins Freie und stellten sie auf einen Wagenanhänger. „Flughafen, Zootransport" stand auf der Heckklappe. Aber das sah der kleine Vogel Ritter nicht. Die Männer hoben das Käfig-Ei mit dem kleinen Vogel Ritter als Letztes auf den Anhänger. Dort lag es reichlich schepps in der äußersten linken Bordwand-Ecke. Ein mobiles Nest, dachte der kleine Vogel Ritter. Er schaute sich immerfort nach dem großen, weißen Vogel um, aus dem sie ihn gehoben hatten.

Die Männer stiegen in den Wagen, der Transporter setzte sich in Bewegung und sauste, rucki zucki, über einen großen, leeren Platz und von dort über eine holprige Grasfläche. Der kleine Vogel Ritter wurde durcheinandergeschüttelt und -gerüttelt wie ein Erdbeer-Shake. Erst eine Bodenwelle, dann eine Grasdelle, dann ein paar Schlaglöcher … das Käfig-Ei geriet immer stärker ins Wackeln und Kippeln und … holterdipolter schlug es über die Bordkante des Anhängers und fiel unsanft zu Boden. Das nennt man eine Sturzgeburt. Es war zwölf Uhr nachts. Der kleine Vogel Ritter war völlig durcheinandergepurzelt, jetzt lag er in seinem Käfig-Ei und lugte benommen durch die Gitterstäbe auf eine endlose graue Betonstraße. Sicher kam Mama bald nachgeflogen, um ihn auszubrüten und zu füttern und unter ihre Fittiche zu nehmen. Sie würde ihm sagen, wie froh sie war, ihn wiedergefunden zu haben und wie lieb sie ihn hatte. Die Sonne ging unter. Mama kam nicht angeflogen. Der kleine Vogel Ritter seufzte, ein paar salzige Tränen kullerten aus seinen Augen, dann sah er, wenn auch ziemlich verschwommen, eine Öffnung in seinem Käfig-Ei. Er nahm den letzten Restmut und die letzte Restkraft zusammen und zwängte sich durch die Gitterstäbe. Nun war er also geschlüpft. Mühsam, so eine Sturz-Geburt. Irgendwie hatte er sich sein Auf-die-Welt-kommen schöner vorgestellt. Mit einem Kuss zur Begrüßung und einem Blumenstrauß und einem Empfangskomitee. Statt dessen stand er ganz allein auf sich gestellt an diesem befremdlich kargen, betongrauen Ort. Der kleine Vogel Ritter war hungrig und müde. Er schlief an Ort und Stelle ein. Irgendwann in der Nacht weckte ihn ein lautes Motorengeräusch aus der Höhe. Er blickte zum Himmel. Da war sie ja – endlich! „Mama!", schrie der kleine Vogel Ritter und hopste ungeduldig auf der Stelle.

Huiii!, der große, weiße Muttervogel sauste gewandt und elegant über ihn hinweg und landete in einiger Entfernung von ihm. Der kleine Vogel Ritter brauchte eine ganze Zeit, bis er dorthin getapst war. Schade, dass er noch nicht fliegen konnte. Jetzt musste er aber ganz flott nach vorne laufen, Richtung Mama-Schnabel, flink zwischen ihren schwarzen Gummi-Hinterfüßen hindurch, damit sie ihn rasch füttern konnte. Ihre Gummi-Hinterfüße waren so hoch, dass er sich beim Laufen nicht einmal bücken musste. Gleich würde sich Mama liebevoll herunterbeugen zu ihm. Wenn er aufgegessen hatte, konnte er sich unter ihr Gefieder kuscheln und selig einschlafen. Endlich.

Mutter Vogel rührte sich nicht vom Fleck. Sie machte auch den Schnabel nicht auf. Der kleine Vogel Ritter schluckte. Er bekam weder etwas Schönes zu essen noch zu hören. Vielleicht wollte Mama nichts mit ihm zu tun haben, weil er aus dem Nest gefallen war als Sturzgeburt. Er schob sein Käfig-Ei vor sich her, mitten unter ihren weißen Bauch und kletterte mühsam auf den hohen Gitter-Kasten, was bei seinen kurzen Beinen nicht so einfach war. Er dehnte und reckte sich und streckte vorsichtig einen Flügel nach ihr aus. Annäherungsversuch nennt man das. „Mama?", sagte der kleine Vogel Ritter und zuckte zurück. Dann befühlte er seinen Bauch. Sein Bauch war eindeutig wärmer. Vielleicht lag es an der dicken Speckschicht, dem Innenfutter, unter seinen dichten, glatten Federn. Der kleine Vogel Ritter unternahm einen zweiten Annäherungsversuch. Erfolglos. Mutter Vogel blieb ungerührt. Der kleine Vogel Ritter seufzte. Er packte sich auf sein Käfig-Ei und schlief zum zweiten Mal in dieser Nacht ein. Seltsame Traumbilder stiegen in ihm hoch. Er träumte, er stand auf einem wackligen Untergrund, der hin- und herkippelte wie ein Balancierbrett. Das kam sicher vom Hunger. Sein Bauch war ja nicht nur warm und speckig, von außen; er war ja auch leer. Trotz des Innenfutters. Der kleine Vogel Ritter machte sich auf die Suche nach etwas Essbarem.

Er tappste eine Weile ziellos durch die Gegend, bis er zu einem Gebäude gelangte, das ihm schon kurz nach seiner Sturz-Geburt aufgefallen war. „Flugschule. Verein Ritter der Lüfte", stand über der Eingangstür. Der kleine Vogel Ritter wunderte sich, dass er schon lesen konnte. Vielleicht war er ein Frühbegabter, womöglich hatte die Sturzgeburt auf den Kopf ein Wunderkind aus ihm gemacht. Einen Überflieger ... Neben dem Vereinsgebäude stand eine Sitzbank und neben der Bank stand ein Drahtkorb, in dem lagen Zeitungen und Pappschachteln und Essensreste. Eine Futterstelle! Der kleine Vogel Ritter beugte sich über den Drahtkorb und langte nach etwas, das in Zeitungspapier eingewickelt war. Fish and Chips. Er setzte sich auf die Bank und verputzte die Fish and Chips. Nonstop. Dann wühlte er nochmals in dem Drahtkorb und wurde wieder fündig: eine halbvolle Mineralwasserflasche. Jetzt ging es ihm schon bedeutend besser.

Der kleine Vogel Ritter schaute in den Nachthimmel. Der Mond stand hoch am Himmel. Nach und nach blinkten ein paar Sterne auf. Das ist eine Nacht!, dachte der kleine Vogel Ritter. Heute kommen lauter kleine Leuchte-Sterne auf die Welt. Neugeburten wie ich. Nicht, dass sie auch noch vom Himmel fielen.

162

Dann hüpfte er von der Bank und trat vor die Glastür der „Flugschule Ritter der Lüfte". Er wagte einen Blick hinein. Viel konnte er nicht erkennen. Im hinteren Teil des Gebäudes brannte ein Licht. Plötzlich erschrak er. Eine Gestalt stand hinter der Glastür und beobachtete ihn. Glück gehabt – das war er selbst! Der kleine Vogel Ritter beschaute sich eingehend von oben bis unten. Ihm wurde heiß und kalt. Nach Mama kam er nicht. Er war zwar stromlinienförmig gebaut wie sie und auch sein Bauch war so weiß wie ihrer, aber die ganze andere Partie ... und dann diese ... Flügel. Der kleine Vogel Ritter schluckte und drückte die Türklinke hinunter. Er stand inmitten einer großen Halle und schaute auf eine Reihe stolzer, weißer Vögel, die viel mehr Ähnlichkeit mit Mama hatten als er.

Der Rest der Familie, dachte der kleine Vogel Ritter. Pech gehabt. Auch der Rest der Familie nahm keinerlei Notiz von ihm. „Das ist ein Verein ...", dachte der kleine Vogel Ritter traurig und wandte sich zum Gehen. Im Hinausgehen sah er neben der Tür eine Art Ritterrüstung hängen.

Wenig später tappste der kleine Vogel Ritter in einem viel zu großen, weißen Mantel mit viel zu weiten, langen Ärmeln über ein verlassenes, graues Flugfeld. Nur noch wenige Meter, dann war er in Mamas Sichtweite. Vor ihrer Nase würde er auf die Startbahn einbiegen und Anlauf nehmen und die Flügelärmel heben und senken und sich in die Lüfte aufschwingen – hoch bis zu den Sternen. Mama würde mächtig stolz auf ihn sein und ihm nachfliegen und ihn ganz schnell zu sich holen. Hoffentlich sah sie ihn auch bei seinem Höhenflug. Wenn sie ihn nur ansah, das würde ihm Auftrieb verleihen. Wegen der langen Mantelschleppe kam er nur langsam voran, er schwitzte und die Schultern wurden schwer wie Blei. „Mama!", rief der kleine Vogel Ritter, da packte ihn jemand am Kragen. „He, du kleines Gespenst", sagte eine Stimme „Was geisterst du hier durch die Nacht in meinem Mantel?" Der kleine Vogel Ritter fuhr erschrocken herum. Vor ihm stand ein Mann in einer dunklen Pilotenuniform. Der Mann guckte genau so verdutzt wie der kleine Vogel Ritter. „Mama …", sagte kleine Vogel Ritter. Mehr musste er gar nicht sagen. Der Mann konnte ja lesen. Und als er genug gelesen hatte in den Augen des kleinen Vogels Ritter, griff er zu seinem Handy und rief jemanden an. „Wo genau war das? Penguin Island, Antarktis, fünfzigster Breitengrad südlicher Breite, okay. Wann? Gestern. Okay. Circa zwanzig Flugstunden. Zwischenlandung Esperanza Station."

Der Mann klappte sein Handy zusammen, er hockte sich vor den kleinen Vogel Ritter und schaute ihn freundlich und ernst an. „Okay?", fragte er. „Okay", sagte der kleine Vogel Ritter. Das war schon das zweite Wort, das er kannte. Nach Mama.

Eine Stunde später hockte der kleine Vogel Ritter im Cockpit eines Fliegers aus der Flughalle der Ritter der Lüfte. Der freundliche Mann in der dunklen Pilotenuniform saß am Steuer. Er hatte einen Kopfhörer auf und sprach in ein Mikrofon. Der Flieger rollte langsam auf die Startbahn und wurde immer schneller und erhob sich unter lautem Motorengeheul in die Lüfte. Der kleine Vogel Ritter schaute durch die Cockpit-Frontscheibe auf den Mond und die Leuchte-Sterne. Dann schlief er ein.

Als er erwachte, schien die Sonne. Der Himmel war wolkenlos und blau. „Schau mal dort. Kommt dir das nicht bekannt vor?", fragte der freundliche Pilot und deutete nach unten. Der kleine Vogel Ritter beugte sich vor. Unter ihnen war ganz viel Wasser, ein riesiges Meer von Wasser sogar. Das Meer war teilweise zugefroren. Eisberge türmten sich darin auf. In der Ferne kreisten Sturmvögel. Albatrosse brüteten an grasbewachsenen Hängen und vor der felsigen Küste aalten sich Seebären-Bullen in der Sonne und grunzten zufrieden. Der kleine Vogel Ritter saß ganz still, aber sein Herz hopste wie wild auf der Stelle. Ja, das kam ihm alles irgendwie bekannt vor. „Ritter der Lüfte an Tower", sprach der Pilot in das Mikrofon. „Zielort erreicht. Landeanflug Penguin Island." Sie legten ihre Sicherheitsgurte an. Der Pilot drosselte das Tempo und das Flugzeug setzte zur Landung an. „Da sind wir", sagte der freundliche Pilot und lächelte. Er öffnete die Seitentür des Flugzeugs und klappte eine kleine Treppe aus. „Und lass dich nicht wieder einfangen, kleiner Vogel Ritter. Okay?"

Der kleine Vogel Ritter nickte und stieg aus dem Flugzeug und wackelte auf die Küste zu. An der Küste stand eine Kolonie lustiger Vögel mit weißen Bäuchen und schicken schwarzen Gehröcken. Eine Art Empfangskomitee. Während der kleine Vogel Ritter intensiv überlegte, woher er die Freunde kannte, hörte er plötzlich einen schrillen Schrei vom Wasser her. Er und das Empfangskomitee starrten auf das Meer hinaus. Auf einer Eisscholle stand ein kleiner, schwarzer Muttervogel mit einem Weidenkorb vor den Füßen und einem Fernrohr vor den Augen. Der kleine, schwarze Muttervogel stierte angestrengt durch die Gläser Richtung Küste. Und stutzte. Und stutzte noch einmal. Jetzt drehte er den Weidenkorb um und kletterte hinauf – wie auf einen Aussichtsturm. Was mühsam war bei seinen kurzen Beinen. „Rit…a!“, rief der kleine, schwarze Muttervogel und hopste wie wild auf dem Weidenkorb herum. Der kleine Vogel Ritter stutzte auch. Einmal, zweimal … und bei dreimal stürzte er sich in die Fluten und konnte auf einmal schwimmen wie ein Weltmeister. Bevor er die Eisscholle erreicht hatte, war Mama schwuppdiwupp abgetaucht und hatte einen bunten Fischstrauß mit Meeresfrüchten vom Meeresboden gepflückt, so dass der Weidenkorb nur so überquoll von Antarktisdorsch, Krokodilseisfisch, schwarzem Seehecht und Dreieckskrabben. Derweil brach am Ufer lauter Jubel in der freundlichen Familie aus. Die lustigen Vögel mit den weißen Bäuchen und den maßgeschneiderten Gehröcken gingen in die Hocke und standen wieder auf und rissen nacheinander die Flossen hoch und johlten. O là là. La Ola la la. Ein heftiger Applaus brandete auf und eine Welle der Begeisterung schwappte auf das Meer über.

Der kleine Vogel Ritter und der kleine, schwarze Muttervogel standen einander gegenüber auf der schwankenden Eisscholle wie auf einem Surfbrett. Sie hielten sich fest umschlungen und schauten sich wortlos an. Der kleine Vogel Ritter wollte ganz viel sagen. Aber dann wurde er ganz still vor Glück. Weil da so ein Leuchten war in den nachtblauen Augen des kleinen, schwarzen Muttervogels. Ein Leuchten wie von einem Stern.

Der arme König

Vorlesezeit: 5 Minuten
Themen: Glaube, Liebe, Großzügigkeit, Vertrauen

Der arme König stand am Ausguckloch des Schuldturms und schaute hinaus auf das karge Land, das vor ihm lag, und seufzte.

Früher war er ein reicher König gewesen, einer, dessen Schatzkammern bis zum Rand gefüllt waren mit der Liebe seiner Gemahlin, der Königin. Irgendwann hatte der König Angst bekommen, die Liebe, die er sein Eigen nannte, könne sich verringern oder an Wert verlieren. Er ließ Wachen vor die Schatzkammern seines Königschlosses stellen und hielt den Schatzmeister an, äußerst sparsam mit dem königlichen Vermögen umzugehen. Jede Woche lief der König auf seinen Kontrollgängen durch die Schatzkammern um nachzurechnen, wie viel Liebe er noch besaß. Wie viel wert würde die Liebe seiner Königin in zehn oder zwanzig Jahren sein? Welchen Wert hatte sie jetzt noch? Es kamen ihm immer heftigere Zweifel, ob der Vorrat an Liebe reichen würde, bis er alt und grau war. Der König fürchtete, in nicht allzu langer Zeit ganz ohne Liebe dazustehen, er wollte unbedingt sicher gehen und eine noch größere Liebe sein Eigen nennen. „Majestät sollten außerhalb des Landes auf eine Eroberung gehen", riet der Kriegsminister. „Majestät sollten in die bestehende Liebe investieren!", riet der Schatzmeister. Der König besuchte den Grafen, um eine dritte Meinung einzuholen. Der Graf lud den König ein, ihm und seinen Freunden Gesellschaft zu leisten und die Liebe aufs Spiel zu setzen, er gab gezinkte Pokerkarten aus und der König setzte sein gesamtes Vermögen auf eine Karte und verlor. In einer einzigen Nacht verspielte er die Liebe seiner Königin und verschuldete sich hoch.

Die Königin war tief verletzt über das Verhalten ihres Gemahls. Als der König sie kniefällig bat, sie möge ihm wenigstens einen Teil der Schulden erlassen, lehnte sie gekränkt ab. Auch der Graf wollte den König nicht schuldenfrei sprechen. Auf keinen Fall!

Man nahm dem König, was er besaß, die Ländereien, die Königsschlösser, die Untertanen und zuletzt den purpurroten Mantel und die goldene Königskrone. Der Hofschneider wurde herbeigerufen und musste dem König einen Mantel aus Schuldscheinen nähen und eine Pappkrone aus Schuldscheinen dazu. Ein ganzes Menschenleben würde nicht reichen, um die Schulden abzuarbeiten. Also wurde der König in den Schuldturm geworfen. Dort musste er darben bei Wasser und Brot.

Die Königin war durch den Betrug des Königs keineswegs verarmt. Zwar war ihr irgendwo, irgendwann die Liebe verloren gegangen, die ihr der König seinerseits zur Hochzeit geschenkt hatte. Dennoch besaß sie noch genügend Liebe aus dem elterlichen Familienbesitz. Außerdem hatte sie ihren Gemahl eines erheblichen Anteils der Liebe beraubt, die sie ihm einst so großzügig geschenkt hatte – durch einen Nachschlüssel für die Schatzkammern. Der König aber besaß nichts mehr. All seine Liebe, auch die seines väterlichen Erbes, war an die Königin übergegangen.

Nun waren dem König also nur noch seine Pappkrone und sein Papiermantel geblieben und das Heu und das Stroh, auf dem er lag. Er bekam niemals Besuch, denn er war ein hochgeächteter und hochverschuldeter Mann. Den König reute sein verantwortungsloses Verhalten und er vergoss viele bittere Tränen darüber.

Eines Abends ging die Tür zum Schuldturm auf und ein junger, reicher König stand vor dem armen König. Der junge König war bekannt im ganzen Reich, er besaß den größten Vorrat an Liebe im Himmel und auf Erden, den man sich denken kann. „Ich erlasse dir deine Schulden", sagte der junge, reiche König freundlich, „und fülle deine Schatzkammern mit neuer Liebe." Der arme König schaute müde auf. „Ich kann dir keine Sicherheiten geben, ich besitze nichts mehr", sagte er. „Kein Vertrauen, keinen Mut. Nichts."

„Ich will keine Sicherheiten von dir. Gib mir deine Unsicherheiten, dein Misstrauen, deine Mutlosigkeit.

Sie sind mir mehr wert als alles andere", sagte der junge, reiche König und lächelte.

Er fasste den armen König bei den Schultern, richtete ihn auf, zog ihm den Schuldscheinmantel aus, nahm ihm die Pappkrone vom Kopf und legte ihm einen neuen purpurroten Königsmantel um und setzte auf sein Haupt eine goldene Krone. Dann küsste er ihn sacht auf die Stirn, und in dem Moment waren die Schatzkammern des armen König wieder gefüllt mit Liebe.

„Nun geh und geize nicht mit der Liebe, die ich dir geschenkt habe, dann wirst du niemals ohne Liebe sein", sagte der junge, reiche König und entließ den armen König in die Freiheit und verschwand.

Vor allem Erbarmen

Da war einer,
der trug seinem Bruder
die Schuld jahrelang nach.
Tag für Tag.
Jahr für Jahr trug er daran.

Da war eine, die sperrte
ihre Schwester in ein Schuldgefängnis
und fand selber
den Weg in die Freiheit nicht mehr.

Wir schulden einander viel.
Vor allem Erbarmen.

Von Nikoläusen, Geschenkeregen und einem Schneemann beim Frisör

Weihnachtsgeschichten für die ganze Familie

Ein Knacks im Himmel

Vorlesezeit: 15 Minuten
Themen: Weihnachten, Geschenk, Burn-out, Stress, Überfluss

Der alte Johann hockte in seiner Stube und löffelte eine Kartoffelsuppe mit Bohnen und Speck. Im Kachelofen knisterte das Brennholz, und auf dem blankgescheuerten Holzfußboden streckte sich ein Wollteppich der Länge nach aus wie ein fransiger Hirtenhund. Es war kurz vor Weihnachten, aber noch immer lag kein Schnee.

Nanu, was war das? Ein Poltern hielt geradewegs auf das Haus zu. Im nächsten Moment donnerte es dreimal laut gegen die Tür. Der alte Johann erhob sich und öffnete die Tür. Vor ihm stand der Winter. „Eisblumen gefällig, Schneegestöber, Eins-A-Frost? Alles polarfrisch und mit Erkältungsgarantie. Hagel gibt es heuer in Sondergrößen!" „Danke, mir reicht die übliche Ration!", entgegnete der alte Johann lächelnd.

„Eissi!", murmelte der Winter. Das ist arktisch und heißt soviel wie: „Ich verstehe."

Der Winter schritt um das Haus und warf die übliche Ration Schnee über den Vorgarten, die Bäume, den

175

Zaun und das Hausdach. „Das macht dann ziemlich genau 120 Wintertage", sagte der Winter und tippte eine Zahl in seinen Taschenrechner. „Lieferung wie immer mit dem nächsten Frostpaket." Damit wandte er sich zum Gehen. Schon war er in der schwarzblauen Dezembernacht verschwunden.

Der alte Johann ging zurück ins Haus und schloss die Tür hinter sich. Dann schlurfte er zum Ofen, zog einen Holzspan aus dem Feuer und steckte sich eine Meerschaum-Pfeife an. Er wusste, dass der Winter jetzt in die Stadt fahren würde, um seine Waren loszuwerden. Der Wunsch nach Schnee am Jahresende war ja noch verständlich. Aber die vielen anderen Wünsche. „Ach, dieses ungebremste Wünschen", dachte er. „Es hört und hört nicht auf. Besonders schlimm ist es zu Weihnachten. Der Weihnachtsmann erhält jedes Jahr längere Wunschzettel. Seit Jahren steigt der Wunschausstoß ins Unermessliche und vergiftet die Atmosphäre." Der alte Johann schaute hinaus. Merkte denn keiner, dass der Himmel durch die ungefilterten Wünsche immer brüchiger wurde? Ihn fröstelte. In der Stube hing noch immer der kalte Atem des Winters.

Der alte Johann setzte sich auf sein Sofa, zog einen Fußschemel heran, legte die Beine hoch und nahm einen tiefen Zug aus seiner Meerschaumpfeife. Er schaute der winzigen Rauchwolke nach, die langsam an die Zimmerdecke segelte und lauschte in die Stille. In der Ecke stand der Ofen mit glühenden Kacheln. Der Gute, er war wie immer Feuer und Flamme für Weihnachten und heizte nach Kräften gegen die winterliche Kälte an.

Der Weihnachtsmann indes hatte es längst nicht so kuschelig und gemütlich. Wie sah es überhaupt bei ihm aus? Überall Berge von Papier und ungeöffneter Post. Und wie sah *er* überhaupt aus? Er war ja kaum wiederzuerkennen, der Arme. Früher war sein Gesicht so rund gewesen wie eine Weihnachtskugel. Jetzt war das Weihnachtsmanngesicht schmal wie ein Lamettafaden.

Er raste durch die Stube wie die Feuerwehr, und seine Augen flackerten wie zwei Christbaumkerzen im Wind. „Kaum zu schaffen, kaum zu schaffen!", stöhnte der Weihnachtsmann und rang verzweifelt die Hände. In den letzten vier Wochen schien er um zweihundert Jahre gealtert, und dementsprechend müde sah er auch aus. Der Weihnachtsmann schaute sich unsicher um, wo war noch gleich sein Handy? Er stieß gegen seinen Lehnstuhl, dieses nutzlose Möbel, was stand es hier so untätig im Weg herum? Der Weihnachtsmann schaute unruhig auf die Uhr. Normalerweise war es längst Zeit, in die Milchstraße zu fahren, um von den Zuckereien für die Himmelsbäckerei zu kosten. Aber Zeit hatte er schon lange keine mehr. Wann war er zuletzt mit seinen Rentieren auf Wolkenstreife gefahren? Er konnte sich nicht erinnern.

Klingel Bells, Klingel Bells, jingelte das Handy des Weihnachtsmannes. Schwupps, waren wieder dreihundert neue Wunsch-Anrufe auf seiner Merry Mailbox eingegangen. Heiliger Jutesack! Er musste es schaffen! Schließlich war er der Weihnachtsmann, der große Wünsche-Erfüller. Der Weihnachtsmann wischte sich den Schweiß von der Stirn. Er überlegte hin und her und hetzte auf und ab, dass die Zimtsternsporen an seinen Stiefeln nur so klapperten und klirrten. „Sollen sie halt noch einen Affenzahn zulegen, die Back- und Packengelchen, die Tischler- und Maler- und Nähengelchen, die Elektro- und Mechanikerengel, das gesamte High-Tech-Angel Dream Team!"

Der Weihnachtsmann stolperte nach draußen und starrte auf eine endlose Reihe kilometerhoher Geschenketürme. Wo war noch gleich die Spielzeughalle? Wieder jingelte das Handy. „Ruuhhe!!", brüllte der Weihnachtsmann und stampfte wütend mit dem Fuß auf. Krrrks ... eine Diele im Himmelsboden knackste. Ein Schneehäschen hoppelte ahnungslos an dem Weihnachtsmann vorbei. „Schon Feierabend?!", brüllte der Weihnachtsmann dem Häschen gehässig hinterher. Dann stolperte er entschlossen weiter. Wieder knackste es im Himmelsboden.

Eine zweite Diele knackste. „Tempo, Tempo!", rief der Weihnachtsmann, als er endlich vor der Spielzeughalle angelangt war. „In einer Woche ist Weihnachten!" Hätte er doch nur ein paar Sekunden inne gehalten und in die Stille gelauscht. Krrsk, eine dritte Diele brach. Aber der Weihnachtsmann sah und hörte nichts mehr. Schnaubend warf er sich auf die Klinke des breiten, zweiflügeligen Tores und warf sich kopfüber in die Halle. „Tempo, Tempo!"

Indes kletterte der alte Johann die Stiegen zu seinem Dachboden hinauf, um Sternen-TV zu sehen. Das Vorweihnachtsprogramm zeigte auf allen Kanälen die Sternenbilder des Tages. Auch heute wollte der alte Johann die Ausstrahlung auf keinen Fall versäumen. Während er vor der kleinen Luke seines Dachbodens stand und den Blick über das Firmament schweifen ließ, bekamen seine Augen einen warmen Glanz. Plötzlich jedoch zuckte er zusammen und runzelte die Stirn. Er kniff die Augen zusammen, beugte sich vor, blinzelte angestrengt in den Himmel und griff nach seinem Fernrohr. So stand er ein paar Minuten regungslos. Dann ließ er den Arm müde sinken und schloss die Dachluke. „Schrecklich!", murmelte und stieg die Dachbodentreppe langsam hinunter. Er ging ein paar Schritte im Zimmer auf und ab und setzte sich schließlich nachdenklich an den Wohnzimmertisch. So saß er eine Weile schweigend. Alle in der Stube, alle, wie sie da waren, wurden nach und nach von seiner traurigen Stimmung angesteckt. Der Wollteppich legte sein Gesicht in Stolper-Falten, die Christrosen ließen die Köpfe hängen. Das Sofa war schließlich so niedergedrückt, dass seine Sprungfedern bis auf den Boden durchhingen. Der Ofen bollerte grimmig vor sich hin. „Da haben wir die Bescherung ...", murmelte der alte Johann, „der Himmel hat einen Knacks bekommen!"

Er musste sofort an den Weihnachtsmann schreiben und ihn bitten, die Geschenke-Produktion einzustellen. Der alte Johann setzte sich an den Tisch, nahm Papier und Tinte aus der Schublade und verfasste einen Eilbrief an den Weihnachtsmann und einen zweiten an den Bürgermeister der Stadt. Dann schlüpfte er in seinen dicken Wintermantel, stieg in die hohen Lederstiefel, zog sich eine warme Mütze über den Kopf, klemmte die Handschuhe unter den Arm und holte sein Motorrad aus dem Geräteschuppen. Das kleine Motorrad knatterte durch die Nacht und warf seinen warmen Lichtkegel auf die verschneiten Straßen. Ab und zu hob der alte Johann den Kopf und schaute ängstlich zum Himmel. So fuhr er eine ganze Weile, bis er endlich vor dem Postamt angelangt war.

Er parkte sein Zweirad vor dem gläsernen Gebäude, stellte den Motor ab, stieg von seinem Ledersitz und hielt Ausschau nach einem dieser rot-weißen Briefkästen, die um diese Zeit extra für die Weihnachtsmannpost aufgestellt wurden. Ah, dort. Aber der Postkasten quoll schon über, der alte Johann hatte Mühe, sein Kuvert durch den Schlitz zu stopfen.

Endlich hatte er es geschafft. Zitternd streifte er seine Handschuhe über, zog die Mütze tiefer in die Stirn und knatterte auf seinem Motorrad weiter durch Stadt, bis er schließlich vor dem Haus des Bürgermeisters angelangt war. Wo war jetzt noch der Briefkasten für die Bürgerpost? Ah, dort. Die Menschen müssen sofort ihren Wunschausstoß drosseln, bevor es zu spät war, murmelte er und schob den Brief durch den Schlitz. Als der alte Johann wieder zu Hause angekommen war, schlug die Uhr bereits nach Mitternacht. Er schlich müde ins Bad und legte sich bald zur Ruh.

Der Weihnachtsmann antwortete nicht. Der Brief des alten Johann verschwand in einem der unzähligen ungeöffneten Postsäcke. Als er nach drei Tagen immer noch nichts vom Weihnachtsmann gehört hatte, sandte ihm der alte Johann ein Telegramm, dann ein Eil-Telegramm und schließlich richtete er einen dringenden Appell an ihn per Sternen-TV. Jedoch es half alles nichts. Er erhielt keine Antwort.

Aber der Bürgermeister schrieb. Er fragte den alten Johann, was er denn gegen das Wünschen habe. Alle Menschen hätten doch Wünsche, das sei doch etwas ganz Normales. Kleine Geschenke erhielten die Freundschaft und schenken zu können sei doch eine Freude.

Der alte Johann faltete den Brief zusammen und rief den Bürgermeister an. „Ich spreche aber vom ungebremsten Wunschausstoß", sagte er. „Der ungebremste Wunschausstoß vergiftet die Atmosphäre und macht uns alle unglücklich. Und der Himmel hat bereits einen Knacks!" Aber der Bürgermeister verstand den alten Johann nicht. Da setzte sich der Johann an seinen Tisch und malte Plakate. In der Nacht ratterte er mit seinem Motorrad durch die Stadt und klebte die Plakate an

Wände und Litfasssäulen. Er appellierte an die Menschen, ihren Wunschausstoß zu drosseln, bevor es zu spät wäre. Denn der Himmel hatte bereits einen Knacks.

Am Abend kurz vor Weihnachten hockte der alte Johann an seinem Abendbrottisch und löffelte eine Kartoffelsuppe mit Bohnen und Speck. Plötzlich zog ein furchtbares Gewitter auf. Nanu, dachte der alte Johann und trat ins Freie und schaute sich suchend um. Niemand da. Woher kam dann das Poltern? Als er den Blick zum Himmel hob, schlug er die Hände vor das Gesicht. Dann eilte er ins Haus, riss das Fernrohr vom Kleiderhaken und stolperte auf den Dachboden. „Jetzt tut der Himmel sich auf!", stöhnte der alte Johann. „Jetzt tut der Himmel sich auf!" Und tatsächlich, Kartons in allen Größen und Farben prasselten sintflutartig durch den geborstenen Himmel auf die Erde hinunter. Unzählige Schachteln und Dosen polterten auf die Gehsteige und verstopften die Straßen, die Vorgärten und Hauseingänge der Stadt. Irgendwann plumpste eine dürre Gestalt durch die Himmelsspalte. Der alte Johann hätte den Weihnachtsmann fast nicht erkannt, so dürr war er geworden. Jetzt riss der Weihnachtsmann die dünnen Ärmchen hoch, reckte den Hals und versank in den reißenden Geschenkefluten. Niemand beachtete ihn. Es regnete wie aus Postautos. Geschenke über Geschenke. Die Menschen stürzten mit Waschkörben aus dem Haus, um möglichst viel von dem Geschenkeregen aufzufangen, Nachbarn gerieten in Streit miteinander um die größten Kartons. Der Trubel und der Jubel kannten keine Grenzen.

Der Winter jubelte nicht. Gerade hatte er seine Geschäfte in der Stadt beendet und wollte zurück in den Norden fahren. Was für ein mieses Reisewetter das heute war, der Geschenke-Regen machte die meisten Straßen unpassierbar. „Das Klima spielt verrückt!", schimpfte der Winter und schloss das Verdeck seines Polarschlittens, „im nächsten Jahr wandere ich nach Mallorca aus!" Als er am Haus des alten Johann vorbeikam, warf er einen geringschätzigen Blick auf das nur leicht verschneite Grundstück. Dann gab er Gas und bretterte zurück an den Nordpol.

Der alte Johann aber saß in seiner Wohnung. Heute war der 24. Dezember. Es schneite, das ganze Zimmer war festlich gestimmt, und wie jedes Jahr war Nordmann Tanne aus dem benachbarten Winterwald zu Besuch. Herr Tanne trug einen dunkelgrünen Nadelstreifenanzug und hatte etwas Christbaumschmuck angelegt. „Wirklich, wir waren alle wie erschlagen", sagte Herr Tanne zu dem alten Johann. „Der ganze Wald. Ob die Menschen nun glücklich sind? Ich fürchte, die Freude hält nicht lange vor und die nächste Wunschkatastrophe ist nicht aufzuhalten. Ja, und dann der Weihnachtsmann …! Tragisch, nicht wahr?"

„Ach, um den machen Sie sich mal keine Sorgen, lieber Nordmann!", tröstete ihn der alte Johann. „Der

Weihnachtsmann wird sicher wieder auftauchen. Spätestens im nächsten Jahr." Herr Tanne nickte ernst. Er stand am Fenster und schaute hinaus in die Weihnachtsnacht. Es regnete noch immer Kartons in allen Farben und Formen. „Auch wenn es so aussehen mag: Geschenke des Himmels sind *das* nicht", murmelte der alte Johann. „Nein!", antwortete Herr Tanne nachdenklich und faltete die Äste. „Aber irgendwann begreifen die Menschen das, und dann erholt sich auch die Atmosphäre wieder." Nichts wünschte er sich sehnlicher.

Der Schneemann und Herr König

Vorlesezeit: 12 Minuten
Themen: Anders sein, Selbstbewusstsein, Außenseiter, Engel

Der Winter hatte sich in diesem Jahr spät auf den Weg gemacht, nun zog er mit Riesenschritten über das Land und rollte einen gewaltigen Schneeteppich vor sich her. Bei jedem seiner ausladenden Schritte griff der Winter in seine tiefe Manteltasche und besprengte die Landschaft mit pulvrigem Schnee. Wenn er an den Häusern der Menschen vorbeikam, zog er einen feinen Rosshaarpinsel hinter seinem Ohr hervor und bemalte die Fenster mit Eisblumen. Nach guter alter Himmelssitte wurde der Winter von einem Engelchen auf seiner ersten Erdentour begleitet. „In diesem Jahr handelt es sich aber um ein eigensinniges, wissbegieriges Ding", dachte der Winter bei sich. Sie waren schon seit Tagen unterwegs, und die kleine Begleiterin hatte noch keinen Moment lang geschwiegen. „Himmel!", rief das Engelchen immer wieder und schüttelte seinen goldgelockten Kopf, „was ist denn das?" Der geduldige Winter wurde nicht müde, dem Engelchen seine vielen Fragen zu beantworten.

Schließlich kamen sie in die Stadt. „Himmel!", rief das Engelchen und lugte über die Backsteinmauer des Kirchhofhains, hinter der drei Kinder dicke Schneekugeln vor sich her rollten und aufeinander setzten. „Die Kinder bauen einen Schneemann", erklärte der Winter. „Geh ruhig näher heran, aber fass um Himmels willen nichts an, hörst du?!" „Versprochen. Hoch und heilig!", rief das Engelchen. Schon hatte es sich wieder fortgerissen.

Der Schneemann stand ganz stumm, er hielt die Augen geschlossen, ein friedlicher Ausdruck lag über seinem feinen Gesicht. Schön!, dachte das Engelchen. Dann erschrak es, denn plötzlich umringten die Kinder den Schneemann und trommelten mit ihren Fäusten von allen Seiten auf ihn ein. „Halt, nicht schlagen!", rief das Engelchen empört. Aber da waren die Kinder schon fort, um einen Hut für den Schneemann zu holen. „Heile, heile Händchen, alles wieder gut", summte das Engelchen und strich dem Schneemann mitfühlend über den Kopf. Dann zuckte es zusammen. Hatte der Winter ihm nicht verboten ...? „Himmel!", flüsterte das Engelchen und wirbelte davon.

Der Neue

Seit Stunden herrschte gespannte Erwartung unter den Tannen des Kirchhofhains. Was für eine Sorte Schneemann würde der Neue wohl sein? „Hoffentlich nicht so mundfaul und karottenhochnäsig wie der vom letzten Jahr!", raunte die alte Fichte ihren Mit-Tannen zu. „Ein paar Worte hätte der eingebildete Schneeklops ruhig mit uns wechseln können, etwas Unterhaltung tut schließlich auch uns gut, wo wir so wenig in der Welt herumkommen." Sie hatte ihre tief verwurzelten Ansichten über Schneemänner. „Ja, ja, nicht jeder hat so viel Glück wie die Stubentannen. Die werden mit Goldkugeln und Lametta behängt, und die Menschen singen Loblieder auf sie. In den höchsten Tönen", stichelte die junge Kiefer. „Willst du etwa mit den Stubentannen tauschen?!", fragte die vornehme Blautanne hochmütig. Der ganze Tannenhain versank in düsterem Schweigen. „Achtung, ich glaube, er wacht auf!", rief die junge Kiefer, und die Tannen wandten sich gespannt dem Neuankömmling zu.

Der Schneemann öffnete die Augen und schaute sich schlaftrunken um. „Oh!", sagte er, als er in die forschenden Gesichter der Tannen blickte. „Guten Abend, die Damen!" Der Schneemann räusperte sich und nickte höflich in die Runde. Die Tannen verstummten. Sie waren recht hölzern, wenn es um neue Bekanntschaften ging. Ein eisiges Schweigen senkte sich über den ganzen Hain. Aber der feinsinnige Schneemann wusste, wie sich ein Kavalier in Gesellschaft von Tannen zu benehmen hatte. Er zog seinen Kochtopf-Hut und machte eine tiefe Verbeugung vor dem Tannen-Hain.

Oooh, raunten die Tannen. Eine engelsgleiche, blonde Lockenpracht ergoss sich über die weißen, rundlichen Schultern des Schneemannes. So etwas hatten die Tannen ihr Lebtag nicht gesehen. Jedenfalls nicht bei einem Schneemann. „Darf ich fragen, was Sie machen? Sind Sie … vielleicht …?", fragte die hochmütige Blautanne interessiert. Der Schneemann überlegte.

„Nein, ich glaube nicht!", sagte er nachdenklich. „Ich glaube, nein." Er musste erst herausfinden, wer er war. „Oh!", raunten die Tannen. „Wie geheimnisvoll!"

Am nächsten Morgen wurde der Schneemann unsanft aus dem Schlaf gerissen. Etwas Hartes sauste ihm an die Stirn. Rrroms, eine zweite Kugel traf ihn an der Schulter. „Schau dir den an! Ist er nicht goldig!", lachte eine Jungenstimme. Woher kam das Lachen? Der Schneemann konnte nichts sehen. Die goldenen Locken hingen vor seinen Augen wie ein dichter Wollvorhang. „Goldlöckchen, Schneeröckchen!", höhnten die Jungen und feuerten ihre Schneebälle auf den Schneemann ab. Autsch, ein Treffer an die Stirn! Der Schneemann hüpfte schwerfällig von einer Seite auf die andere und kam dabei mächtig ins Schwitzen. Dann war wieder Stille. Der Schneemann wischte sich den Schweiß von der Stirn.

„Schrecklich, diese Lausbuben", schimpfte die alte Fichte und zitterte am ganzen Stamm. Eine Strähne silbergrauer Nadeln fiel in den Schnee. Immer, wenn die alte Fichte sich ärgerte, bekam sie Nadelausfall. Gegen

Mittag kehrten die Jungen an den Kirchhofhain zurück. „Aufgepasst, Goldlöckchen!", riefen sie und feuerten aufs Neue ihre Geschosse auf den Schneemann ab. Wieder hopste der Schneemann hin und her, bis er wieder ganz aus der Puste war. Er hatte am ersten Tag bereits ein ganzes Kilo Schnee abgenommen. „So setzen Sie halt Ihren Kochtopf-Hut wieder auf!", raunte die junge Kiefer gereizt.

Der Schneemann bückte sich schwerfällig nach seinem Kochtopf-Hut und versuchte, die Lockenpracht darunter zu verstecken. Aber das Engelshaar war nicht zu bändigen. Der Hut rutschte dem Schneemann immer wieder vom Kopf, und die Tannen standen wie angewachsen.

Der arme Schneemann. Er war zur Zielscheibe geworden. Jeden Tag flogen ihm die Schneebälle an die Stirn und um die Locken. Jeden Tag war er dem Hohn und Spott der Lausbuben ausgesetzt. Die alte Fichte stand dem Schneemann am nächsten, und sie litt am meisten mit ihm. Ihre silbergrauen Nadeln bröselten nun unablässig zu Boden. Eines Tages bekam auch sie einen Schneeball an den greisen Kopf geworfen. „Das hat uns der Schneemann eingebrockt!", flüsterte sie ihren Freundinnen schwer getroffen zu, „seit dieser Störenfried hier aufgetaucht ist, haben wir nichts als Ärger!" Die Tannen nickten. Wenn es darauf ankam, standen sie äußerst dicht zusammen. Fortan zeigten sie dem Schneemann die kalten Schultern. Da wurde der

Schneemann sehr traurig. Er begann sich seiner Lockenpracht zu schämen und fasste einen Entschluss.

Schnittig und Schön

Der Friseurmeister Jacques König war gerade mit der Abrechnung seiner Tageseinnahmen beschäftigt, als der Schneemann den Salon „Schnittig und Schön" betrat. Das Weihnachtsglöckchen über der Eingangstür meldete den neuen Kunden mit silberhellem Sopran an. Der Schneemann huschte durch den menschenleeren Raum und glitt in einen der schwarzen Kunststoffsessel. Herr König trat geräuschlos hinter seinen Kunden. „Sie wünschen, der Herr. Oder ... die Dame?", fragte Herr König und schaute den Schneemann erst prüfend, dann gleichmütig an. Diskretion gehörte zu seinem Beruf.

Der Schneemann wischte sich die Locken aus der Stirn. „Ich hätte gern so eine Frisur wie Sie!", sagte er und deutete auf Herrn Königs Glatze. Herr König warf einen müden Blick auf die Haare des Schneemannes und wickelte ein paar goldene Locken um seine Finger. Dann stieß er einen kleinen, schrillen Schrei aus. „Das ... das ...", stammelte er, „ist ja echtes Engelshaar!" Herr König trat einen empörten Schritt zurück und verschränkte die Arme. „Tut mir leid!", sagte er entschieden. „Von echtem Engelshaar lasse ich die Finger ... und die Schere! Das verbietet mir mein Scher... – mein Ehrgefühl!" „Bitte. Tun Sie mir den

Gefallen!", bat der Schneemann. Herr König schüttelte energisch den Kopf und schaute entschlossen zu Boden. Als er wieder aufsah, blickte er in das enttäuschte Gesicht des Schneemannes. „Selbst wenn ich wollte, es ginge nicht", seufzte Herr König und zuckte die Achseln. „Echtes Engelshaar ist unabschneidbar. Warum um Himmels willen wollen Sie sich denn überhaupt von dieser Pracht trennen?" „Die Kinder verhöhnen mich!", flüsterte der Schneemann und senkte den Blick. Herr König musterte den Schneemann eingehend. Er rieb sich das glattrasierte Kinn und dachte nach.

„Momentchen!", rief er plötzlich und verschwand in einem Nebenraum. Als Herr König zurück war, trug er eine runde Schachtel in den Händen. „Ta, ta, ta taaa!", rief Herr König stolz. Seine Augen leuchteten, seine Wangen waren gerötet und er tänzelte aufgeregt durch den Raum. Dann warf er die Schachtel auf die Frisierkonsole und trat gutgelaunt hinter den Schneemann. Herr König fischte einen Kamm aus seiner Kitteltasche und machte sich flink ans Werk. Seine Hände flogen um den Kopf des Schneemanns wie die Hände eines Dirigenten. „Schnittig!", rief Herr König, als er fertig war. „Und schön! Die perfekte Hochfrisur. Endlich sieht man ihr Gesicht. Und jetzt noch … ta ta ta taaaa! – Ein altes Erbstück. Von meinem Großonkel. Toll! Wie für Sie gemacht", rief Herr König. Der Schneemann schaute in den Spiegel. „Meinen Sie wirklich?!", fragte er zaghaft. „Na klar!", sagte Herr König. Der Schneemann schwieg. Dann lächelte er schüchtern. „Was bin ich Ihnen schuldig?", fragte er und errötete. Ihm war eingefallen, dass er gerade nicht flüssig war. „Ich bitte Sie, es war mir ein Plaisir!", rief Herr König; er hatte ganz feuchte Augen und schüttelte dem Schneemann lange die Hände.

Herr König hielt dem Schneemann wortlos die Tür auf; das Weihnachtsglöckchen verstummte über dem veränderten Aussehen des Schneemannes, fast hätte es vergessen Auf Wiedersehen zu läuten. „Adieu, und ein charmantes Weihnachtsfest!", hörte der Schneemann Herrn König rufen.
Der Schneemann schritt gedankenverloren durch die schwarzblaue Nacht. Unter seinen Füßen knirschte leise der Schnee. Als er um eine Straßenecke gebogen war, kam ihm der Winter entgegen. „Lieber Herr Schneekönig, guten Abend!", grüßte der Winter freundlich und zog den Hut vor dem Schneemann. An der Hand des Winters hüpfte das vorwitzige, blondgelockte Engelchen. „Guten Abend, Herr Schneekönig!", grüßte auch das Engelchen. Der Schneemann blieb verblüfft stehen. Was hatten die beiden zu ihm gesagt? Vor einem Kaufhaus machte er Halt und betrachtete sich im Schaufenster. Sein Gesicht schaute freundlich und offen. Die Königskrone auf seinem Kopf funkelte wie der Sternenhimmel. – Jaa, dachte er still und ließ den Blick über die Straße schweifen. Dort hinten lag der Kirchhofhain. Dort hinten standen die Tannen. Nein, dorthin würde er nicht zurückkehren. Er würde einen besseren und einen schöneren Platz finden.

Die Wachsmalkreiden

Vorlesezeit: 13 Minuten
Themen: Nikolaus, Nachbarschaft, Geschenk, Einsamkeit,
Weihnachten

Die Kirchenglocken läuteten zur dritten Morgenstunde. Es hatte die ganze Nacht über geschneit. Nun trugen alle Häuser eine weiße Nachtmütze. Sankt Nikolaus stapfte durch die Straßen, hin und wieder drehte er sich um und betrachtete sorgenvoll die tiefen Abdrücke seiner Stiefel im Schnee. Dann blickte er zum Himmel und es fielen dickere Schneeflocken zur Erde und nicht lange, und die Fußspuren waren zugeschneit. Sankt Nikolaus lächelte und rollte den leeren Jutesack zusammen. Die Geschenke hatte er alle verteilt. Jetzt konnte er beruhigt den Rückflug antreten. Das nächste Rentiergespann ging in einer Stunde vom Tannenwald. Doch nanu, da war ja doch noch etwas …? Er schüttelte den Jutesack wieder auseinander, griff hinein und zog eine kleine, schmale Schachtel daraus hervor. „Seltsam", murmelte er. „Ein Geschenk ist übrig geblieben. Sollte ich jemanden vergessen haben?" Sankt Nikolaus schob die Schachtel in seine Manteltasche. Er stapfte durch den Schnee und ging im Geiste noch einmal die Namen aller großen und kleinen Menschen durch, die er heute beschenkt hatte. Von A bis Z. Als er bei D wie Dora angekommen war, fand er sich plötzlich im eleganten Villenviertel der Stadt wieder. Hier wohnten die Reichen und Prominenten der Stadt. Der heilige Nikolaus war seit Jahren nicht mehr im Villenviertel der Stadt gewesen, genau genommen, seitdem die Villenvierteler den unechten Nikolaus vom Studentenservice engagiert hatten. Der Ersatz-Nikolaus vom Studentenservice brachte ihnen teurere und aufwändigere Geschenke als er. Geschenke, die sie im Grunde gar nicht brauchten und über die sich oft nicht einmal freuten.

Sankt Nikolaus schaute sich um. „Nichts als hohe, graue Mauern", sagte er. „Nicht einmal ein Fahrzeug parkt auf der Straße. Die reinste Geisterstadt." Es hatte aufgehört zu schneien. Sankt Nikolaus schaute zum Himmel. „Kein einziger Stern zu sehen –", dachte er. „selbst der Himmel ist wie ausgestorben." Dann fühlte er wieder die kleine Schachtel in seiner Manteltasche. Das übrig gebliebene Geschenk. D wie Dora ging es ihm wieder durch den Kopf. Welches Kind um Himmels willen hatte er vergessen, womöglich stammte es aus dieser Gegend, aber hinter welcher Mauer wohnte es? Sankt Nikolaus stapfte weiter durch die verlassenen Straßen des Villenviertels. Normalerweise sah er den Häusern schon von weitem an, ob Kinder in ihnen wohnten. Aber hier war ja von Häusern nichts zu sehen – außer den hohen

Mauern, die sie umgaben. Selbst die Zufahrtstore zu den Grundstücken waren aus massivem Edelstahl und „blickdicht". An den Eingängen waren hochglanzpolierte Messingplatten angebracht mit eingravierten Hausnummern und Warnsätzen: *Dieses Grundstück ist videoüberwacht* oder *Achtung Alarmanlage* stand da zu lesen, aber kein Name. „Gespenstisch", dachte Sankt Nikolaus. „Eine Mauer höher als die andere. Und alle grau angestrichen. Bis auf … diese eine … da …" Zu seiner Überraschung stand er plötzlich vor einer sommergelben Steinwand. Sankt Nikolaus überlegte und rieb sich den Bart. Dann ging er ein paar Schritte zurück, lief auf die Mauer zu, machte einen Sprung, griff mit beiden Händen an den Mauerrücken und zog sich hinauf. „Aha", murmelte er, „ein Wintergarten." Vor ihm lag ein stiller, weißer Garten mit alten Buchen, Eichen und Tannen – und einem kleinen, künstlich angelegten See, der zugefroren war. Hinter dem See stand eine Backsteinvilla; in einem Fenster brannte ein warmes Licht. „Seltsam", dachte Sankt Nikolaus, „da scheint noch jemand wach zu sein. Um diese Uhrzeit."

Der alte Heilige kniff die Augen zusammen; war dies nun ein Haus, in dem ein Kind wohnte? „Ich kann es nicht einmal mit Bestimmtheit sagen", dachte Sankt Nikolaus. „Seltsam. So etwas ist mir während meiner ganzen Dienstzeit noch nicht passiert."

Seine Arme wurden ihm lang und länger. Jetzt konnte er nur noch knapp über den Mauerrand schauen. Er versuchte, sich wieder höher hinauf zu ziehen, um einen zweiten Blick auf das Haus zu werfen. Da spürte er einen festen Griff um seine Beine. „Runter von der Mauer!", fuhr ihn eine Männerstimme an. „Polizei!" Sankt Nikolaus glitt von der Mauer herunter und drehte sich erstaunt um. Vor ihm stand ein älterer Polizeibeamter mit seiner jungen Kollegin. Das Polizeiauto parkte zwei Meter entfernt. „Das nennt man auf frischer Tat ertappt. Bitte ausweisen!", sagte der Polizeibeamte streng und zückte ein elektronisches Notizbuch. „Ich bin Sankt Nikolaus", sagte Sankt Nikolaus freundlich. Der Polizeibeamte hob den Kopf und musterte sein Gegenüber von oben bis unten, dann schaute er auf sein Notizbuch. „Ja, ja. Das behaupten zurzeit viele." „Aber ich bin das Original", entgegnete Sankt Nikolaus. „Was haben Sie zu dieser Zeit hier zu suchen?", fragte die junge Beamtin. „Geschenke verteilen ja wohl gerade nicht." Und sie deutete auf den leeren Jutesack. „Wohl eher: Geschenke einsammeln …", brummte der ältere Beamte. „Also, dürfen wir Sie jetzt um Ihren Ausweis bitten, sonst müssen wir Sie mit auf die Wache nehmen." Der Beamte zog ein paar Handschellen aus seiner Hosentasche.

In diesem Moment schob sich das schwere Zufahrtstor zu dem stillen, weißen Wintergarten wie von Geisterhand zur Seite. Ein dumpfes Hundebellen war zu hören, dann setzte es auf einmal aus und eine kleine Gestalt kam aus dem Dunkel näher. Ein paar Wegeleuchten rechts und links von den Steinplatten glitzer-

ten im Schnee. Die Gestalt führte einen ziemlich großen, braunen Hund an der Leine. „Guten Abend,
kann ich helfen?", fragte eine kleine, alte Frau.

Ihre Stimme klang überraschend jung, obwohl sie an
die achtzig Jahre alt sein mochte. Ihre Augen waren
tiefblau und schauten warm und klug. Sie trug einen
dicken, senfgelben Wintermantel mit hochgestelltem
Kragen und hellbraune Winterstiefel. Um den Kopf
hatte sie einen rötlichen Schal drapiert; in der rechten
Hand hielt sie einen Krückstock mit goldenem Knauf,
in der linken die Fernbedienung für das Haupttor.
„Guten Abend, Frau Polizeipräsidentin a.D.!", riefen die Beamten. Die alte Frau lächelte. „Meine Alarmanlage scheint den Geist aufgegeben zu haben." Dann
deutete sie auf die Handschellen. „Wollen Sie den
Herrn etwa abführen?", fragte sie. „Tun Sie das nicht.
Das ist Sankt Nikolaus. Der echte. Ich kann mich für
ihn verbürgen."

„Ja, dann …" Die Beamten schwiegen betreten und
schauten ein wenig ratlos.

„D … wie … Dora … Winter …!", rief Sankt Nikolaus. Die kleine, alte Frau nahm den Schal vom Kopf
und schüttelte ihr Haupt. Sie trug einen flotten Kurz-
haarschnitt, ihr kräftiges Haar war schlohweiß. „Sommer", entgegnete sie munter. „Ich habe vor Jahren
geheiratet. Herrn Sommer … Dass du dir meinen Namen gemerkt hast, Sankt Nikolaus … ich darf doch du
sagen?"

Sankt Nikolaus nickte und schmunzelte. „Natürlich habe ich mir deinen Namen gemerkt", sagte er. „Und dein Gesicht auch. Ich merke mir jedes Gesicht von jedem Kind, dem ich einmal ein Geschenk gebracht habe. Bei dir war ich im Februar 1944, da wohntest du mit deiner Mutter und deinem kleinen Bruder in der Unteren Au, und ich weiß noch genau, was ich dir gebracht habe", sagte Sankt Nikolaus. „Warme Socken", fiel ihm die kleine Frau Sommer ins Wort. „Dabei hatte ich mir nichts sehnlicher gewünscht als Wachsmalkreiden." Es klang fast ein bisschen vorwurfsvoll. „Warme Socken brauchtest du damals aber nötiger", sagte der Nikolaus.

„Entschuldigung, Frau Polizeipräsidentin a.D. – benötigen Sie uns noch?", fragte der ältere Beamte. Es hatte wieder angefangen zu schneien und der Polizist und seine Kollegin begannen zu frieren. Sie traten von einem Fuß auf den anderen. „Wir würden uns sonst in den Wagen setzen." „Ja, aber natürlich!", sagte die alte Dame. Dann drehte sie sich um und betätigte die Fernbedienung; das schwere Eisentor schloss sich wieder wie von Geisterhand. Es quietschte ein wenig. „Gehen wir eine Runde?", fragte sie Sankt Nikolaus und hakte sich bei ihm ein. Sie deutete mit dem Krückstock geradeaus. „Vielleicht in diese Richtung, dort müssten sogar ein bis zwei verwaiste Bäume stehen." Der heilige Nikolaus lächelte und drückte ihre Hand. „Shakespeare, bei Fuß", befahl Frau Sommer dem großen, braunen English Setter. Dann setzte sie sich leicht hinkend in Bewegung. „Seit mein Mann gestorben ist und ich ganz allein in dem Haus wohne, ist Shakespeare mein treuer Begleiter. Ist er nicht schön? Fast so schön wie die Sonette seines Namensvetters." Dann lächelte sie und erzählte, dass sie seit dreißig Jahren in dem Villenviertel lebte, aber eigentlich niemanden kannte. „Willkommen im Steinreich. Wir verschanzen uns hier alle hinter unseren hohen Mauern", seufzte sie. „Keiner weiß vom anderen. Jeder will anonym bleiben." Sankt Nikolaus betrachtete sie von der Seite. Ihre Wangen waren jetzt rosig und frisch. Sie hatte noch immer etwas von einem sensiblen Kind in ihren Gesichtszügen – oder schon wieder? Kein Wunder, dass er sich vorhin – an der Mauer – nicht sicher gewesen war, ob in dem Haus ein Kind wohnte. Ein Schneeräumfahrzeug brummte an ihnen vorbei. Sankt Nikolaus und Dora Sommer begannen vom Winter 1944 zu sprechen. „Schnee von gestern …", sagte Dora Sommer nachdenklich und schaute dem Räumfahrzeug nach. Dann bogen sie um die Ecke.

Als sie nach einer halben Stunde wieder vor dem Grundstück der pensionierten Polizeipräsidentin angelangt waren, stand das Polizeifahrzeug noch immer vor dem Einfahrtstor. „Sieh an, die beiden halten fürderhin Nachtwache", sagte Dora Sommer. Sie trat an das Polizeifahrzeug heran. Ein Seitenfenster wurde heruntergelassen. „Machen Sie doch Feierabend", sagte sie.

„Vielleicht dürfen wir Ihren Begleiter nach Hause fahren?", fragte der ältere Beamte. „Ich würde in der Gegend gerne noch ein paar Geschenke verteilen." Sankt Nikolaus deutete auf den Jutesack, der auf einmal wieder bis zum Rand gefüllt war. „Wenn Sie mich von Haustür zu Haustür chauffieren könnten – das wäre sehr nett."

„Du – ... tatsächlich, er ist das Original!", raunte die junge Beamtin ihrem Kollegen zu. Sankt Nikolaus schmunzelte. Dann wandte er sich Dora Sommer zu. Er zog die kleine, flache Schachtel aus seiner Manteltasche und überreichte sie ihr. „Ein verspätetes Geschenk. Vom Nikolaus", sagte er. Die kleine, alte Frau senkte den Kopf und lächelte. „Danke", antwortete sie. Dann betätigte sie die Fernbedienung und das Tor zu ihrem Grundstück schob sich leise quietschend zur Seite. Dora Sommer drehte sich noch einmal um und winkte und trat dann durch den geöffneten Torspalt in den Wintergarten. Ein leises Quietschen und das Tor fiel hinter ihr ins Schloss. Sankt Nikolaus wartete noch eine Weile, dann stieg er zu den Beamten ins Auto und nahm auf dem Rücksitz Platz. „Frau Sommer ist eine so nette, feine Dame. Ich finde, sie ist viel zu viel allein", seufzte die Polizeibeamtin.

„Sollte mich nicht wundern, wenn sie in der nächsten Zeit Besuch bekommt", antwortete Sankt Nikolaus gut gelaunt. Dann begann er, die Geschenkanhänger an den Paketen zu beschriften. „Viele Grüße vom Nikolaus. Ihre Dora Sommer", schrieb er auf die Schildchen der Pakete, die er für die nettesten Nachbarn vorgesehen hatte. Und auch die alte Polizeipräsidentin schrieb in dieser Nacht noch etwas. Kaum war das Auto weggefahren, trat sie noch einmal auf die Straße hinaus. Sie hielt eine flache, geöffnete Schachtel in der Hand und schrieb sieben Wörter an ihre Grundstücksmauer. Bunt auf sommergelb und für alle gut leserlich schrieb sie: *Willkommen. Hier wohnen Dora Sommer und Shakespeare.*

Die Wachsmalkreiden – Kurzfassung

Vorlesezeit: 4 Minuten
Themen: Nikolaus, Nachbarschaft, Geschenk, Einsamkeit, Weihnachten

Die Kirchenglocken läuteten zur dritten Morgenstunde. Sankt Nikolaus stapfte durch die Straßen und rollte zufrieden den leeren Jutesack zusammen. Die Geschenke hatte er alle verteilt. – Doch nanu, da war ja doch noch etwas …? Er schüttelte den Jutesack wieder auseinander und zog eine kleine, schmale Schachtel daraus hervor. „Seltsam", murmelte er. „Ein Geschenk ist übriggeblieben. Sollte ich jemanden vergessen haben?" Auf dem Päckchen stand lediglich ein Buchstabe: D. D … wie Dora.

Noch während er darüber grübelte, fand er sich plötzlich im eleganten Villenviertel der Stadt wieder. „Nichts als hohe, graue Mauern", sagte er. „Die reinste Geisterstadt!" Wo um Himmels willen wollte dieses letzte Geschenk hin? Da erblickte er plötzlich eine sommergelbe Steinwand. Sankt Nikolaus überlegte nur kurz, dann machte er einen Sprung und zog sich an der Mauerkante hinauf. Der alte Heilige kniff die Augen zusammen; war dies nun ein Haus, in dem ein Kind wohnte?

„Guten Abend, kann ich helfen?" Sankt Nikolaus fiel vor Schreck von der Mauer. Vor ihm stand eine kleine, alte Frau, die einen ziemlich großen und aufgeregten Hund an der Leine hielt. „Shakespeare, bei Fuß." Ihre Stimme klang überraschend jung, obwohl sie an die achtzig Jahre alt sein mochte. Ihre Augen waren tiefblau und schauten warm und klug

„D … wie … Dora …Winter …!", rief Sankt Nikolaus. Die kleine, alte Frau lächelte. „Sommer", entgegnete sie munter. „Ich habe vor Jahren geheiratet. – Dass du dir meinen Namen gemerkt hast, Sankt Nikolaus … ich darf doch du sagen?"

Sankt Nikolaus nickte und schmunzelte. „Natürlich habe ich mir deinen Namen gemerkt", sagte er. „Und dein Gesicht auch. Ich merke mir jedes Gesicht von jedem Kind, dem ich einmal ein Geschenk gebracht habe.

Bei dir war ich im Februar 1944 – und ich weiß noch genau, was ich dir gebracht habe", sagte Sankt Nikolaus. „Warme Socken", fiel ihm die kleine Frau Sommer ins Wort. „Dabei hatte ich mir nichts sehnlicher gewünscht als Wachsmalkreiden." Es klang fast ein bisschen vorwurfsvoll. „Warme Socken brauchtest du damals aber nötiger", sagte der Nikolaus.

„Ja – und heute wohne ich in dieser steinreichen Gegend … Willkommen im Steinreich! Wir verschanzen uns hier alle hinter unseren hohen Mauern", seufzte sie. „Keiner weiß vom anderen. Jeder will anonym bleiben. Der einzige Freund, den ich hier habe, ist mein treuer Shakespeare."

Sankt Nikolaus betrachtete sie von der Seite. Dann kam ihm eine Idee. Mit einem Mal war der Geschenkesack wieder bis zum Rand gefüllt. „Nun, meine liebe Dora – wie du siehst, habe ich noch eine ordentliche Runde vor mir", sagte er und deutete dabei auf die Last auf seinem Rücken. „Doch vorher habe ich noch etwas für dich." Er zog die kleine, flache Schachtel aus seiner Manteltasche und überreichte sie ihr. „Ein verspätetes Geschenk. Vom Nikolaus", sagte er.

Die kleine, alte Frau senkte den Kopf und lächelte. „Danke!" Dann trat sie durch einen geöffneten Torspalt in den Wintergarten. Ein leises Quietschen und das Tor fiel hinter ihr ins Schloss. Sankt Nikolaus stiefelte los. „Sollte mich nicht wundern, wenn sie in der nächsten Zeit Besuch bekommt", dachte er gut gelaunt. Dann begann er, die Geschenkanhänger an den Paketen zu beschriften. „Viele Grüße vom Nikolaus. Ihre Dora Sommer", schrieb er auf die Schildchen der Pakete, die er für die nettesten Nachbarn vorgesehen hatte.

Und auch die alte Dame schrieb in dieser Nacht noch etwas. Kaum war Sankt Nikolaus um die Ecke verschwunden, trat sie noch einmal auf die Straße hinaus. Sie hielt eine flache, geöffnete Schachtel in der Hand und schrieb sieben Wörter an ihre Grundstücksmauer. Bunt auf sommergelb und für alle gut leserlich schrieb sie: *Willkommen. Hier wohnen Dora Sommer und Shakespeare.*

Frau Engel

Vorlesezeit: 18 Minuten
Themen: Weihnachten, Engel, Einsamkeit, Nachbarschaft,
Depression

„Gute Nachrichten! Die Wohnung neben Ihnen ist vermietet. Bald sind Sie da oben nicht mehr so allein!" Ich fuhr herum und schaute in das freundliche Gesicht meines Hausmeisters. Gerade hatte ich noch in die Untiefen meines leeren Briefkastens gestarrt. Der Anblick von Herrn Meiser war weit weniger düster. Herr Meiser nickte aufmunternd. „Ja, Sie bekommen endlich eine Nachbarin!" „So?", antwortete ich und rang mir ein Lächeln ab. „Schön." Dann huschte ich ins Haus. Jeder sieht mir an, dass ich mich hier einsam fühle, dachte ich gequält. Jeder hier in dem neuen Haus, jeder hier in der fremden Gegend, jeder hier oben unter dem Dach. Dabei traf ich hier eigentlich nie jemanden.

Herrn Meisers Ankündigung hatte mich neugierig gemacht. Von nun an schaute ich Abend für Abend, wenn ich nach Hause kam, ob schon ein großes Umzugsauto vor der Tür parkte und horchte auf den Flur hinaus, ob schon drei Mann hoch Möbelpacker durch das Treppenhaus polterten. Nichts dergleichen geschah. Nicht einmal ein kleines Umzugsauto gab dem Hof die Ehre. Kein einziger Möbelpacker verpolterte sich zu uns. Eines Tages war sie einfach da. Eines Tages stand der Name „Frau Engel" am Klingelknopf, und es lag eine Fußmatte mit der Aufschrift SALVE vor ihrer Tür.

Unerhört, dachte ich. Frau Engel war hier einfach sang- und klang-, d. h. bohr- und hämmergeräuschlos eingezogen. Aber gut, jetzt hatte ich sie endlich. Meine eigene Nachbarin. Ich legte mir einen perlenden Begrüßungssatz zurecht und stellte einen Piccolo kühl für den Fall, dass sie sich bei mir vorstellen würde. Jedoch die Wochen vergingen, ohne dass Frau Engel an meiner Tür schellte. Gelegenheiten, mich anzutreffen, hätte sie reichlich gehabt. Ich hockte jeden Abend allein zu Haus. Allein, Frau Engel ließ sich nicht blicken. Weder an meiner Haustür noch zufällig im Hausflur begegnete ich ihr. Gab es sie überhaupt?

Es gab sie. Eines Morgens sah ich sie schwarz vor weiß. Der Frühling war gekommen, und ich hatte mir angewöhnt, vor dem Frühstück eine Runde zu joggen. Als ich aus dem Haus trat, warf ich einen müden Blick nach oben und landete auf Frau Engels Terrasse. Da war sie: eine kleine Gestalt, die in ein weites, dunkles Gewand gehüllt war und ein großes, weißes Tuch über eine Wäscheleine warf. Dann fing es plötzlich zu tröpfeln an, und auf einmal schmeckte die Luft leicht salzig und melancholisch. Ich zog mir eilig die Kapuze über den Kopf und lief meinem Kummer und Frau Engels Terrasse davon.

Auch bei meinen nächsten Laufversuchen sah ich Frau Engel in aller Herrgottsfrühe Wäsche aufhängen. Sie war früh auf den Beinen. Und sie blieb es lange. Wenn ich abends spät aus dem Büro nach Hause kam, brannte noch Licht bei ihr. Welcher Beschäftigung sie wohl nachging? Auf jeden Fall war sie äußerst fleißig, so fleißig, dass sie bedauerlicherweise keine Zeit fand, mir einen kurzen nachbarschaftlichen Besuch abzustatten. Vielleicht sollte ich mal bei *ihr* klingeln? Frau Engel war vielleicht einfach zu schüchtern. Oder sie gab nichts auf Konventionen. Wenn dem so war, würden wir gut zusammenpassen. Aber dann verwarf ich den Gedanken, bei ihr zu schellen. Vielleicht wollte sie einfach keinen Kontakt. Zumindest darin unterschieden wir uns.

Mit der Zeit vertrieb ich Frau Engel aus meinem Seelen-Laufrad. Ich dachte nicht daran, noch weiter an sie zu denken. Bis sie mir eines Abends auf dem Hausflur entgegenkam. Zunächst hatte ich sie gar nicht bemerkt, ich war so beschäftigt mit meinen schweren Gedanken und den drei übergewichtigen Mülltüten, die mich überaus fest im Griff hatten. Kann sein, dass ich sogar ein bisschen geflucht habe. „So ein Müll!", oder so ähnlich. Mit meinen Nerven stand es damals nicht zum Besten, ich befand mich in einer nicht sehr leichten Lebenssituation.

Fast hätte ich die zierliche Frau umgerempelt, so geräuschlos war sie dahergeweht. „Huch!", habe ich nur dumm gesagt – und dumm geschaut, als sie den Schlüssel bei „Engel" ins Schloss steckte, einmal umdrehte und hinter der Tür entschwand wie ein Geist. In dem Moment rissen meine drei Mülltüten, und der unerfreuliche Inhalt ergoss sich über das SALVE von Frau Engels Fußmatte. Etwa zeitgleich rissen auch die restlichen meiner mehrfach notdürftig reparierten Nervenstränge, und ich schluchzte kurz auf. Dann stolperte ich in meine Wohnung, holte Handfeger und Schaufel und kehrte den Müll auf.

Mein überschäumend netter Begrüßungssatz war mir entfallen und unter den Hausmüll geraten. Ich suchte nicht weiter danach. Auf meine abendliche Joggingrunde verzichtete ich ebenfalls – ausnahmsweise. Inzwischen lief ich nämlich zweimal am Tag. „Bewegen Sie sich", hatte mein Arzt gesagt. „Ausdauersport ist gut gegen Melancholie." Statt um den Block zu laufen, weinte ich nun eine Runde. Oder auch zwei. Weinen konnte ich damals ohne größere Verschnaufpausen. Dann schleppte ich mich zum Kühlschrank und trank den Piccolo, um wenigstens einen Teil des Flüssigkeitsverlustes wieder auszugleichen.

Abends im Bett ging ich in Gedanken nochmals der seltsamen Begegnung im Treppenhaus nach. Keines Blickes hatte Frau Engel mich gewürdigt, keinerlei Notiz hatte sie von mir genommen. Sie hatte nur stur vor sich auf den Boden geschaut, als ob sie nach etwas suchte. Nun hatte ich endlich eine eigene Nachbarin und auch wieder nicht. Ich nahm mir vor, Frau Engel zu erobern.

So, Frau Engel, dachte ich. Irgendwann werden wir zusammentreffen, dann werde ich alle charmanten Plaudersätze hervorkramen, die ich in meinem Wortschatz aus besseren Zeiten noch finden kann, und ich werde sie anlächeln und ob Sie wollen oder nicht, Frau Engel, Sie werden auf mich fliegen. Frau Engel erwies sich als Festung. Ich sah sie zwar öfter. Dafür sah sie mich immer öfter nicht. Da konnte ich lächeln, wie ich wollte. Sie schien mich nicht zu sehen. Wollte sie denn gar nichts mit mir zu tun haben? Mit der Zeit traute ich mich nicht mehr, sie anzusprechen. Es war etwas Geheimnisvolles um diese kleine, zierliche Gestalt mit dem krummen Rücken. Immer starrte sie stur vor sich auf die Straße, als suchte sie etwas. Manchmal hielt sie für den Bruchteil einer Sekunde den Kopf leicht schräg – wie ein großer Vogel, der in die Stille horcht. Dann schaute sie wieder vor sich auf den Boden.

Wirklich, ich hätte nicht einmal sagen können, welche Augen sie hatte. Ich weiß nur, dass sie schlohweißes Haar hatte, zwei gerade dünne Stöckchenbeine und einen Buckel.

Dann kam der Winter. Auf Frau Engels Terrasse klirrten die Laken wie Fahnen im Wind. „Weh mir, wo nehm ich, wenn es Winter ist, die Rosen?", verdichteten sich meine Gedanken dunkel auf Hölderlin. Ich malte Eisblumen an die Fenster und kaufte mir ein zweites Paar Joggingschuhe.

Schließlich stand Weihnachten vor der Tür. Weihnachten, aber kein einziger Besucher.

Am 24. Dezember öffnete ich die letzte Tür meines Adventskalenders und schob mir einen Schokoladenengel in den Mund. Abends stand ich dann etwas verloren vor einem Gabentischchen, auf dem sich Geschenke und Briefe von der Familie türmten. Ich trat an ein Fenster und schaute hinaus in die mondstille Nacht. Ein schwarzblauer Himmel mit blinkenden Sternen lag ausgebreitet über der Stadt wie eine festliche Weihnachtsdecke. Von Frau Engels Terrasse fiel ein warmes Licht in die Dunkelheit.

Irgendwann schlich ich in die Küche, aß ein Käsehäppchen, öffnete eine Flasche Rotwein und setzte mich mit den Kanapees aufs Sofa. Dann stellte ich das Radio an. Ja, und da erklang dieses wunderbare Weihnachtslied, ich höre es noch heute. Und auf einmal hatte ich das heulende Elend. Ich wollte mir noch Mut zusprechen wie all die Wochen zuvor. Aber dann stellte ich fest, dass mir die aufmunternden Worte inzwischen alle ausgegangen waren. Der ganze schöne Vorrat – bis auf die letzte Silbe aufgebraucht.

In meiner Not beschloss ich, bei Frau Engel zu klingeln. „Frau Engel", würde ich sagen, „haben Sie vielleicht ein paar gute Worte für mich? Wirklich nur so viele, wie Sie erübrigen können. Sie dürfen sie auch gern auf die Goldwaage legen, und ich bringe sie bestimmt so bald wie möglich zurück." Genau, ich würde mir ein Pfund „gute Worte" ausleihen, so wie sich andere Leute ein Pfund Zucker von ihren Nachbarn ausleihen. Ob es an dem zweiten Glas Rotwein lag, das ich getrunken hatte oder an meinem Mut der Verzweiflung: Ich stand tatsächlich auf und ging, verweint wie ich war, in die Offensive, das heißt zu meiner Nachbarin. Rote Augen oder nicht. Sie würde mich ja eh nicht so genau anschauen.

Als ich auf den Hausflur hinausgetreten war, bemerkte ich, dass Frau Engels Wohnungstür angelehnt war und Licht bei ihr brannte. „Hallo ...? Frau Engel?", rief ich und tat einen mutigen Schritt über Frau Engels SALVE. „Hallo ...? Frau Engel? Sind Sie da?", rief ich wieder. Aber sie antwortete nicht. Es war ihr doch hoffentlich nichts passiert? Ich huschte durch Frau Engels Räume, und ich fühlte mich äußerst unwohl dabei. Wie eine Einbrecherin kam ich mir vor. Andererseits wollte ich mir Frau Engel von niemandem mehr nehmen lassen.

211

Ich war wild entschlossen, nach ihr und dem Rechten zu sehen.

Wahrscheinlich ist sie im Keller, um Wäsche aufzuhängen, seufzte ich. Dann lief ich zurück in meine Wohnung, riss einen Mantel vom Haken, ließ die Tür ins Schloss fallen und stürzte enttäuscht aus dem Haus. Draußen war es klirrend kalt, ein leichter Nordwind ging um die Häuser. Aus den Fenstern fiel ein warmes Licht auf das schwarzglänzende Pflaster. Außer mir ist natürlich kein Mensch unterwegs, dachte ich. Natürlich nicht, an Heiligabend. Dann sah ich einen jungen Mann mit einem Weihnachtsbaum um die Ecke laufen. Er sprang gerade noch rechtzeitig in eine wartende Straßenbahn. Der junge Mann ließ sich auf einen Fensterplatz fallen, und die Straßenbahn fuhr quietschend an. Er war der einzige Fahrgast in der sonst immer menschenüberfüllten Tram.

Ich weiß nicht, wie lange ich so durch die Stadt geirrt bin. Ich weiß nur, dass ich irgendwann den Weg zum Kanal hinunterlief, in eine hübsche Seitenstraße einbog und plötzlich vor einer kleinen Kapelle stand, an deren Seitenwand fünf Lettern eingraviert waren. SALVE. Zunächst zögerte ich noch, aber dann drückte ich vorsichtig die breite Eisenklinke hinunter. Ohne es zu ahnen, öffnete ich an diesem Heiligabend ein 25. Weihnachtstürchen. Zu meiner Überraschung befand ich mich plötzlich in einem stillen, weiten Raum. Ich schaute mich um und blickte auf einen schlichten

Altar, über dem ein schmiedeeisernes Kruzifix hing, und alles in mir wurde selber ganz still und weit. So stand ich ein paar Minuten. Dann trat ich näher an das Kruzifix heran.

Auf einmal war ich seltsam ergriffen, und da wollte ich wieder dieses Weihnachtslied singen, aber ich bekam keinen einzigen Ton heraus. Statt dessen begann mein Puls zu rasen, meine Knie wurden butterweich, und ich sank auf eine Kirchenbank. Doch seltsam, während ich herzüber in einen tiefen, dunklen Kummer fiel, schien mich etwas aufzufangen.

Ich meinte, den leisen Flügelschlag eines Nachtfalters zu hören, ich spürte einen Luftzug und fühlte einen Blick auf mir ruhen. Als ich mich umdrehte, sah ich in das Gesicht einer alten Frau. Sie hatte schlohweißes Haar und einen Buckel. „Hallo, Frau Engel", flüsterte ich und suchte nach einem Taschentuch. „Ich weiß", antwortete Frau Engel stumm und schaute mich freundlich an. Und mit genau diesem Blick stellte sie mich nach und nach wieder auf die Füße. Aber das merkte ich erst viel später. „Wissen Sie, ich kann nämlich dieses Weihnachtslied nicht singen", erklärte ich, während ich ein paar Mal geräuschvoll die Nase hochzog. „Weil, wie stehe ich denn da, was habe ich schon anzu…, vorzu…" „Na, na", tadelten mich Frau Engels Augen.

Aber ich war wirklich sehr unglücklich, und Frau Engel erkannte sehr wohl den Ernst der Stimmungslage. Sie zog ein Mammut-Taschentuch aus ihrem weiten, dunklen Gewand und reichte es mir. Zunächst schnaubte ich einige Male kräftig ins Taschentuch, aber dann begann ich zu erzählen. Als ich nach einer ganzen Zeit aufschaute, sah ich durch einen Schleier von Tränen, dass Frau Engel in einer sehr aufrechten Haltung dasaß und mir aufmerksam zuhörte. Ihren Buckel hatte sie zu einem herrlichen Flügelpaar entfaltet. Nun erkannte ich auch, wie groß sie in Wahrheit war. Und ich sah, was für Augen sie hatte. Gute, freundliche Augen hatte Frau Engel. Irgendwann hatte ich alles gesagt. Frau Engel und ich schwiegen. Sie lenkte noch einmal meinen Blick zu dem Altar hin. Ich schaute auf das Kruzifix, und meine Seele wurde ganz still und weit – wie der Raum, in dem ich mich befand. Frau Engel lächelte und nickte, sie nahm das Taschentuch und verschwand durch eine Seitentür. Ich sah ihr nach, der kleinen, buckligen Gestalt mit dem gesenkten Kopf.

Die Kirchturmuhr schlug zwölf, und ich verließ die Kapelle durch die 25. Weihnachtstür. Ein Kiesweg knirschte unter meinen Schritten, ich lief den Kanal entlang und erwischte eben noch die letzte Straßenbahn. Auf dem Fensterplatz mir gegenüber saß der junge Mann vom frühen Abend. Er hielt ein goldglänzendes Paket auf den Knien und lächelte mich an.

Zu Hause suchte ich nach einer ganz bestimmten Weihnachts-CD. Als ich sie gefunden hatte, legte ich sie in das Hifi-Gerät ein und sang alle vier Strophen des Liedes mit. Ja, und am nächsten Morgen schien nach langer Zeit wieder einmal die Sonne.

Ein strahlend helles Licht fiel in meine Wohnung, auf Frau Engels Terrasse und auf ein Mammut-Taschentuch, das zum Trocknen über einer Wäscheleine hing.

Wenn ich Frau Engel künftig auf der Straße traf, winkte ich ihr fröhlich zu. Aber nur von innen. Ich wollte sie auf keinen Fall bei ihrer Arbeit stören. Nun wusste ich ja, welcher Beschäftigung sie nachging. Frau Engel richtete ihren Blick auf Seelen, die am Boden waren. Und hob sie sachte wieder auf.

Das wunderbare Weihnachtslied:

Ich steh an deiner Krippen hier

Ich steh an deiner Krippen hier
O Jesu, du mein Leben;
Ich komme, bring und schenke dir,
Was du mir hast gegeben.
Nimm hin, es ist mein Geist und Sinn,
Herz, Seel und Mut, nimm alles hin
Und lass dir's wohl gefallen.

Ich lag in tiefster Todesnacht,
Du warest meine Sonne,
Die Sonne, die mir zugebracht,
Licht, Leben, Freud und Wonne.
O Sonne, die das werte Licht
Des Glaubens in mir zugericht',
Wie schön sind deine Strahlen.

Ich sehe dich mit Freuden an
Und kann mich nicht satt sehen;
Und weil ich nun nichts weiter kann,
Bleib ich anbetend stehen.
O dass mein Sinn ein Abgrund wär
Und meine Seel ein weites Meer,
Dass ich dich möchte fassen!

Eins aber, hoff ich, wirst du mir,
Mein Heiland nicht versagen:
Dass ich dich möge für und für
In, bei und an mir tragen.
So lass mich doch dein Kripplein sein;
Komm, komm und lege bei mir ein
Dich und all deine Freuden.

(Paul Gerhardt)

Herr Klotz taut auf

Vorlesezeit: 30 Minuten
Themen: Einsamkeit, Nachbarschaft, Freundschaft, Weihnachten

Als Herr Klotz eines Julimorgens aus seinem grauen Haus in der Grummelstraße 7 trat, blieb er wie angewurzelt stehen. Sein Vorgarten lag unter einer tiefen Schneedecke, und wo gestern noch Unkraut und Löwenzahn gewuchert hatten, stand heute ein Schneemann! „Das ist ja wohl die Höhe!", schimpfte Julius Klotz. Er stemmte seine kurzen, dicken Arme in die Seiten und schüttelte seinen kantigen Kopf.

„Sie da! Weg da!", rief Herr Klotz empört und wedelte mit den Händen in der Luft, als wollte er einen lästigen Schwarm Mücken vertreiben. Der Schneemann bewegte sich nicht vom Fleck. „Eiskalt!", brummte Herr Klotz und schnaufte vor Wut.

Wütend, wie er war, übersah Herr Klotz, dass nur in seinem Garten Schnee lag. Nirgendwo sonst in der kleinen, blauen Stadt hatte sich auch nur eine hauchzarte Schneeflocke auf die Erde verirrt. Warum auch, es war schließlich Sommer. Petrus hatte die Sonne angeknipst, die Bäume leuchteten sommergrün, und in den Vorgärten standen Rosen und Stiefmütterchen, aber beileibe keine Schneemänner.

Jahreszeiten interessierten Herrn Klotz nicht. Ihm war es wurst, ob es Frühling, Sommer, Herbst oder Winter war. Er hockte sowieso die meiste Zeit drinnen in seinem Haus. Und zwar am liebsten allein, Besucher konnte er genau so wenig ausstehen wie Schneemänner. Überhaupt gab es vieles, was Herr Klotz nicht mochte.

Herr Klotz schaute auf seine Armbanduhr. Höchste Zeit, wenn er noch den Acht-Uhr-Bus erwischen wollte. Im Büro würde er darüber nachdenken, wie er den Schneemann wieder loswerden könnte. Bis zum Feierabend war ihm sicher etwas Oberfieses eingefallen.

Herr Klotz hockte in seinem muffigen Büro bei Firma Polterhannes und Söhne und kritzelte Schneemänner auf ein Stück Rechenpapier. Herr Klotz runzelte die Stirn. Dann zog er einen kräftigen, breiten Strich quer durch über das Papier. Von links nach rechts. Und noch einen – von rechts nach links. Ssst, gleich den nächsten. Zack durch die Mitte. Sssstrich, Strich, Strich. Bis auch der letzte Schneemann hinter einem fetten, schwarzen Gitterfenster verschwunden war.

Etwas später riss der Firmengong Herrn Klotz aus seiner finsteren Beschäftigung. Herr Klotz griff nach seiner ausgebeulten Aktentasche aus echtem Kunstleder. „Was habe ich mir denn heute Schönes eingepackt?", murmelte Herr Klotz und klappte die Brotdose auf wie ein Schatzkästchen. „Eine Käsestulle, wie immer!", stellte er zufrieden fest. Dann kräuselte er die Nase wie ein Kaninchen. Igitt, der Käse war ja völlig aus der Form gelaufen.

„Kein Wunder, bei dieser Affenhitze!", schimpfte Herr Klotz, und plötzlich hatte er einen Einfall. Er würgte das Brot in drei großen Bissen hinunter und schmatzte wie sieben kleine Ferkel. Dann spülte er den Rest geräuschvoll mit einer Tasse Kaffee herunter und nahm den Bleistiftstummel und schrieb und kritzelte und überlegte …

Um fünf Uhr nachmittags ließ Herr Klotz den Griffel fallen. Er nahm den Bus in die Stadt und marschierte schnurstracks in das Haushaltsgeschäft von Frau Stecker. In der Abteilung für Elektrogeräte rempelte er zwei Kunden zur Seite, ließ sich einen Kasten einpacken und drängelte sich an der Kasse vor. Ja, nun, liebe Leute, ich habe es eilig, dachte Herr Klotz, und hetzte aus dem Geschäft. Die Kunden schauten ihm hinterher und schüttelten die Köpfe. Herr Klotz fuhr nach Hause. Er war sehr mit sich zufrieden.

Die Spatzen zwitscherten, als Herr Klotz aus dem Bus stieg, und aus den Vorgärten wehte der Geruch von geröstetem Grillfleisch und Folienkartoffeln zu ihm herüber. Aber Herr Klotz roch und hörte nichts. Er sauste durch die Straßen wie eine Aufziehpuppe.

In der Grummelstraße hüpften ihm zwei Kinder entgegen. „Schau mal, ein Schneemann im Juli!", riefen sie und deuteten aufgeregt auf den Vorgarten. Herr Klotz blieb verwundert stehen und riss die Augen auf. Aus allen Richtungen liefen Neugierige vor seinem Haus zusammen. Einige Väter und Mütter trugen ihre Kinder auf den Schultern, damit die Kleinen den Schneemann besser sehen konnten. Sogar ein Fotoreporter von den Kleinstädter Nachrichten war herbeigeeilt. Mit Kamera und Mikrofon.

Herr Klotz knuffte sich einen Weg durch die Menge. „Unerhört", schimpfte er. „Lassen Sie mich gefälligst vorbei!" Er hielt den geheimnisvollen Kasten vor seinen Bauch und buffte sich energisch durch das Menschenknäuel hindurch. Die Leute aus der vorderen Reihe drehten sich empört zu Herrn Klotz herum. Dann wandten sie die Köpfe ruckartig in die andere Richtung, aus der ein ohrenbetäubendes Tatütata herandröhnte. Ein Polizeiwagen fuhr vor, und zwei Polizeibeamte sprangen aus dem Wagen. „Was ist hier los?", rief der ältere Polizist, und sein Blick fiel auf den Schneemann. „Wem gehört das Objekt?" Herr Klotz schob sich nach vorn. „Er war auf einmal da, Herr Wachtmeister. Über Nacht! Ein Rätsel …"

„Das ist Erregung öffentlichen Ärgernisses!" stellte der Polizeibeamte fest und zückte seinen Notizblock. „Der Schneemann muss weg! Und zwar bis morgen!"

„Geht klar, Chef!", grummelte Herr Klotz. „So wahr ich Klotz heiße." Er klemmte sich den Karton unter den Arm und stapfte trotzig ins Haus. Die Leute wichen respektvoll zurück. Diesem Klotz gehörte also der verschneite Sommergarten samt Schneemann darin, dachten sie und starrten Herrn Klotz an. Sie sprachen von einem Weihnachtswunder mitten im Juli und von einem historischen Tag. Dann gingen sie murmelnd auseinander. „Kinderkram!", schimpfte Herr Klotz, als er die Tür donnernd hinter sich ins Schloss geworfen hatte.

Herr Klotz glaubte nicht an Wunder, genauso wenig wie er an diesen Dings, an diesen Osterhasen oder an diesen Kerl mit dem weißen Bart, an diesen Weihnachtsmann glaubte. Mit einem Rums ließ er den Karton auf den Flurteppich fallen, mit einem Ruck setzte er sich an den Küchentisch. Er stützte den Kopf in beide Fäuste und starrte auf die Uhr. Sobald es dunkel war, würde er seinen Plan ausführen.

Herr Klotz schaute schläfrig zur Kuckucksuhr. Das gleichmäßige, geduldige Klickklack ermüdete ihn. Seine Augenlider wurden schwer wie Theatervorhänge, er nickte ein und schnarchte wie ein russischer Bär.

Als Herr Klotz aufwachte, war es tiefe Nacht. Oha, der Mond stand bereits hoch am Himmel!, dachte Herr Klotz und erschrak. Dabei stand der Mond nicht einfach nur so am Himmel. Er wiegte sich sacht in seinem Wolkenstuhl und schmauchte genüsslich seine Abendpfeife. Aber Herr Klotz hatte nun mal keinen Sinn für Romantik. Schon gar nicht an einem Tag wie diesem.

Eilig lief er in den Flur und riss den Pappkarton auf. Er werkelte ein paar Sekunden lang ungeduldig mit einer langen Schnur herum, dann trat er triumphierend vor die Tür – und erschrak. Im Mondlicht sah der Schneemann aus wie ein Geist. Herr Klotz pirschte sich an den Schneemann heran. Die lange Schnur schlängelte sich über den Rasen wie eine Blindschleiche.

Der Mond warf einen überraschten Blick auf die beiden Gestalten dort unten. Komisch, der Schneemann hatte die gleiche rote Knubbelnase und die gleichen pechschwarzen Knopfaugen wie der kleine, dicke Mann. Beide hatten die gleichen stöckchengeraden Augenbrauen und den gleichen dünnen, schiefen Mund. Sogar ihre spiegelglatten Kugelglatzen ähnelten einander wie ein Frühstücksei dem zweiten. Das alles betrachtete der Mond amüsiert und von oben herab. Gesichter faszinierten ihn. Im Gegensatz zu Herrn Klotz, den interessierten weder sein eigenes Gesicht noch gar das des Schneemannes.

Herr Klotz stellte den Kasten vor dem Schneemann ab. „Mit wärmsten Empfehlungen!", sagte er und lächelte giftig grün. Dann bückte er sich und drehte vorne am Kasten einen Knopf nach rechts. „Klick" machte es, und drei Röhren leuchteten glühend-rot auf.

Aha, Herr Klotz hatte einen Heizofen gekauft. Er wollte den Schneemann in Grund und Boden schmelzen. Da hatte er sich ja was richtig Gemeines ausgedacht!

Während Herr Klotz darauf brannte, dass der Schneemann im Erdboden versank, war ihm auf einmal, als säße er vor der Höhensonne und nicht der Schneemann. Kleine Schweißbäche rannen ihm die dicke, glatte Stirn hinunter, seine Hände fühlten sich glipschig-nass an und er bemerkte, wie sein Oberhemd an seinem dicken Bauch festzukleben begann.

Herr Klotz fror und schwitzte mit sich um die Wette. An seinen Füßen steckten statt der Zehen Eiszapfen. Kein Wunder, er versank ja einen halben Meter tief im eiskalten Schnee. Nun dauerte die Schneemannbeseitigungsaktion bereits eine dreiviertel Stunde. Herr Klotz stippste dem Schneemann vorsichtig in den Bauch. Der Schneemann war nicht einen Millimeter aufgeweicht, er war noch genau so knochenhart wie heute morgen. „Mann, Mann, Mann!", fluchte Herr Klotz und stiefelte schimpfend und vor Nässe triefend zurück ins Haus. Jetzt hatte er aber die Faxen dicke!

„So ein Pfusch!", brummelte Herr Klotz und schleuderte die durchnässten Schuhe von seinen verfrorenen Füßen. Gleich morgen wollte er das Murks-Elektrogerät in das Murks-Geschäft von Frau Stecker zurückbringen. Herr Klotz humpelte ins Badezimmer und zog sich einen Schlafanzug über. Er begann mit den Zähnen zu klappern, sein Hals fühlte sich an wie ein

Reibeisen, jemand schien an seinen Ohren zu ziehen und zu zerren, er bekam rote, kleine Kaninchen-Augen. Herr Klotz kroch bibbernd ins Bett. Er fand es auf einmal lausekalt bei sich. Herr Klotz krabbelte aus dem Bett und holte den Heizofen aus dem Flur. Er stöpselte den Stecker in die Steckdose und drehte den Schalter auf Stufe zwei. Eine wohlige Wärme verbreitete sich im Raum. Herr Klotz schlummerte ein und fiel in einen tiefen, unruhigen Schlaf. Er träumte etwas Schreckliches – von einem Schneemann, der unangemeldet in seinem Garten erschienen war. Mitten im Sommer.

Als Herr Klotz am nächsten Morgen erwachte, war ihm nicht mehr kalt. Ihm war sogar ausgesprochen heiß. Auf wackeligen Knien schlurfte er ins Bad und schob sich ein Fieberthermometer unter die Zunge. 39 Grad! „Junge, Junge!", krächzte Herr Klotz. Seine Stimme klang wie die eines kettenrauchenden Papageien. Herr Klotz schlich zum Telefon und rief in der Firma Polterhannes und Söhne an. Es war das erste Mal seit dreißig Jahren, dass er sich krank meldete. „Peinlich, peinlich", krächzte Herr Klotz. Dann stopfte er sich dicke Watteberge in die Ohren und trottete in die Küche, um sich eine Tasse Kamillentee aufzubrühen.

Zufällig fiel sein Blick in den Vorgarten. Herr Klotz zuckte zusammen. Da stand ja noch immer dieser grässliche Schneemann. Es war also doch kein böser Traum gewesen. Auch der Rasen war noch immer schneebedeckt. Der Schneemann muss weg, dachte Herr Klotz. Das hatte auch der Wachtmeister polizeilich angeordnet. Herr Klotz warf sich seinen Bademantel über wie ein Torero. Er wollte den Stier, besser gesagt, den Schneemann, endlich bei den Hörner packen. Er schnappte sich einen alten Besen aus der Küchenecke und stürzte hinaus. „Dein Typ wird hier nicht verlangt!", krächzte er und raste wie entfesselt auf den Schneemann zu.

Hoppla, fast wäre er mit jemandem zusammengestoßen. Eine Dame stand vor dem Schneemann und sprach freundlich mit ihm. Sie hielt eine Gardine oder so etwas Ähnliches in der Hand. Es war Frau Wadenstrumpf, die Nachbarin aus der Grummelstraße 5. Seit fünfzehn Jahren lebten Herr Klotz und Frau Wadenstrumpf Haus an Haus. Trotzdem hatten sie nie ein Wort miteinander gewechselt. Herr Klotz ging Frau Wadenstrumpf am liebsten aus dem Weg. Sie war ihm unheimlich, vielleicht weil sie ihn immer so liebenswürdig anlächelte, obwohl er sie seit 15 Jahren geflissentlich übersah.

Da! Frau Wadenstrumpf lächelte schon wieder! Sie sagte sogar etwas, aber Herr Klotz hörte nichts durch die Watteberge in seinen Ohren. Statt dessen sah er, wie Frau Wadenstrumpf beschwingt einen Schal um den Hals des Schneemannes warf.

Ein Hallo brauste auf wie in einem Fußballstadion. Herr Klotz fuhr entsetzt herum und zuckte zusammen wie vom Blitz getroffen: Dort standen wieder diese aufdringlichen Menschen vor seinem Haus! – „Bravo. Einen Wollschal für den Schneemann!", riefen die Menschen und applaudierten. Frau Wadenstrumpf winkte fröhlich in die Menge. Als ihr Blick auf Herrn Klotz fiel, lächelte sie charmant. Herr Klotz grunzte und lehnte den Besen vergrätzt an den Schneemann.

„Bravo! Herr Klotz überreicht dem Schneemann einen Schneebesen!", riefen die Menschen, und ein rothaariger Mann von der Presse schoss ein paar Fotos. Herr Klotz verstand immer nur Bahnhof, das heißt Schneemann.

Er zog den Bademantel fester um seinen dicken Bauch und wandte sich zum Gehen. Da machte es Tatütata, und das grün-weiße Polizeiauto von gestern fuhr wieder vor, und der Wachtmeister von gestern ruderte wieder aufgeregt auf Herrn Klotz zu.

„Schon gut. Schon gut. Regen Sie sich nicht künstlich auf!", krähte Herr Klotz. „Morgen ist der Schneemann weg!" „Unterstehen Sie sich", rief der Wachtmeister. „Lassen Sie den Schneemann, wo er ist. Er ist die Touristenattraktion für unsere kleine Stadt."

Herr Klotz zuckte mit den Achseln und ging wortlos ins Haus. Er stellte den Heizofen auf Stufe drei und setzte sich an sein Wohnzimmerfenster. Von dort schaute er hinaus in den Garten. Warum machten die Menschen solch ein Aufhebens um diesen Schneemann? Er war doch gar nichts Besonderes. Herr Klotz schnäuzte sich geräuschvoll und schaute missmutig hinaus.

Am nächsten Tag schellte es zum ersten Mal nach vielen Jahren wieder einmal bei Herrn Klotz an der Haustür. Die Türglocke war entsprechend verstimmt und meldete den Besucher mit blechernem Scheppern an. Herr Klotz schlurfte zur Tür und öffnete.

Draußen stand ein junger, schlaksiger Mann mit roten Stoppelhaaren. Seine Nase war mit unzähligen Sommerprossen übersät. Sogar auf seiner Oberlippe saßen zwei, drei gesprenkelte Pünktchen. Über seiner linken Schulter hing ein Fotoapparat mit Blitzlicht.

„Hallo, Herr Klotz!", sagte der junge Mann freundlich. „Darf ich kurz stören? Ich komme von den Kleinstädter Nachrichten und …"

„Weiß ich!", knarzte Herr Klotz und schaute den jungen Mann misstrauisch an. „Sie sind Reporter. Gestern haben Sie hier Fotos geschossen. Ihre roten Haare leuchteten in der Sonne und …" Herr Klotz stockte. Dann fragte er kurz: „Na und? Was wollen Sie?"

Der junge Mann lachte. „Unsere Leser möchten noch viel mehr über Sie erfahren!" Herr Klotz starrte den jungen Mann an. Was gab es schon über ihn zu berichten? Seit er denken konnte, war er so gewesen wie jetzt. Das heißt … Herrn Klotz fiel plötzlich ein, dass er einmal ein verträumter kleiner Junge gewesen war und ein romantischer junger Mann. Früher hatte er weiße, dichte Wolle auf dem Kopf gehabt. ‚Mein Schäfchen', hatte seine Mutter zu ihm gesagt … Lächerlich!

„Meinetwegen, kommen Sie rein!", brummte Herr Klotz. „Viel Zeit hab' ich aber nicht!" Er fischte eine verstaubte Flasche Cognac aus dem Wohnzimmerschrank und stellte zwei angestoßene Gläser auf den Tisch. Bald dämmerte es in der kleinen, blauen Stadt, und Herrr Klotz knipste Licht im Wohnzimmer an, ausnahmsweise, weil er Besuch hatte. Ein Abendspaziergänger wunderte sich. Dieses Haus war um diese Zeit sonst nie beleuchtet. Der Mann blieb neugierig stehen und sah von der Straße aus, wie der alte Klotz in schweren Schränken wühlte und dicke Fotoalben aus den Regalen hervorholte. Er sah, wie sich der Fotoreporter neben Herrn Klotz auf das durchgesessene Plüschsofa setzte und beide in alten Alben blätterten. Der Spaziergänger staunte Bauklötze und ging nach Haus.

Irgendwann kramte Herr Klotz eine kleine, flache Holzkiste aus der alten Eichenholz-Vitrine und bot dem Fotoreporter eine von seinen Havanna-Zigarren an. Gut, dass er noch welche für besondere Anlässe aufgespart hatte. Die Sonne hatte sich längst aufs Ohr gelegt, der Himmel hatte längst die Vorhänge zugezogen, die Kirchturmuhr schlug leise Mitternacht, als der Fotoreporter nach Hause ging. Herr Klotz saß noch eine Weile für sich allein. Dann löschte er das Licht in der Wohnstube und legte sich auch zur wohlverdienten Ruh.

Nach und nach gewöhnten sich die Menschen an den wundersamen Schneemann, der nicht tauen wollte. Im August trafen längst nicht mehr so viele Schneemann-Touristen in der kleinen, blauen Stadt ein wie noch im Juli. Im September kamen noch weniger Besucher, im goldenen Oktober waren es nur noch ein paar vereinzelte. Schließlich blieben auch die Zeitungsleute aus. Dafür zog der Winter in die Stadt ein, und mit den ersten dicken Schneeflocken, die zur Erde schwebten, fingen die Kinder an, ihre eigenen Schneemänner zu bauen. Herrn Klotz' Schneemann war nun einer von vielen. Die Menschen, die sich regelmäßig vor seinem Grundstück versammelt hatten, fehlten Herrn Klotz. Mit der Zeit hatte es ihm richtig Freude gemacht, sie von seinem Küchenfenster aus zu beobachten. Immer öfter war er hinaus in den Vorgarten getreten.

Dann hatte er den alten Bäumen einen freundschaftlichen Klaps auf die Rinden gegeben oder er hatte Unkraut aus dem Rasen gezuppelt. Er wusste, dass die Leute ihn grüßen würden, wenn er im Garten arbeitete. Einige hatten sich sogar nach seinem Befinden erkundigt. Herr Klotz hatte dann immer etwas Brummiges zur Antwort gegrummelt, aber im Stillen hatte er sich gefreut über das Interesse seiner Zaun-Gäste. Hatte, hatte, hatte. Und jetzt, was hatte er jetzt noch?

Besonders die Gespräche mit den Fotoreportern fehlten Herrn Klotz. Es gab vieles, was er ihnen gern noch erzählt oder gezeigt hätte. Seine Zinnbecher-Sammlung zum Beispiel. Vielleicht hätte er ihnen sogar etwas auf seiner Mundharmonika vorgespielt. Ein paar alte Weisen hätte er sicher noch zustande gebracht. Wem sollte er nun aus seinem Leben berichten? Niemand war mehr da, der sich für ihn interessierte.

Eines Nachmittags, als Herr Klotz seinen täglichen Rundgang durch den Garten machte und mit der Hand über die Hecken strich wie über wuschelige Kinderköpfe, schaute er den Schneemann prüfend an. Warum sollte er nicht einen kleinen Abendplausch mit dem Kollegen halten? Aber wie sollte er ihn anreden? „Schöner Abend, was, Herr Schnee?", fragte Herr Klotz und deutete mit den Augen nach oben. Am Himmel weidete eine Herde Wolken. Der Wind strich durch die Bäume, und Herr Klotz hörte zum ersten Mal ein Knacken im Unterholz, eine Vogelstimme. Sprach da nicht sogar ...? Er spitzte die Ohren und, mein lieber Scholli, er täuschte sich nicht: „Ja", antwortete der Schneemann leise. „In der Tat. Ein ganz besonders schöner Abend!"

Herr Klotz räusperte sich. „Pfeife, Herr Schnee?", fragte er und zog eine Meerschaumpfeife aus seiner Hosentasche. Herr Schnee lächelte und nickte dankend. Von diesem Moment war das Eis zwischen ihnen gebrochen. Sie hielten nun manchen Abend ein Plauderstündchen ab – von Schneemann zu Mann. Weihnachten rückte näher. Die kleine, blaue Stadt hatte sich prächtig herausgeputzt. Sie strahlte über das ganze Pflaster und leuchtete aus allen Straßen und Plätzen. „Morgen ist Heiligabend, Herr Schnee!", sagte Herr Klotz am 23. Dezember zum Schneemann. „Was würden Sie davon halten, wenn ich uns zur Feier des Tages ein Tannenbäumchen in den Garten stelle und wir gemeinsam etwas Punsch trinken?" „Schöne Idee!", sagte Herr Schnee.

Am Vormittag des 24. Dezember schleppte Herr Klotz den alten Schuhkarton mit den Weihnachtsschmuck vom Boden. Er schmückte die Nordmann-Tanne mit Kerzen, bunten Kugeln, gelben Strohsternen und goldenem Lametta. Nachmittags stellte er sich in die Küche und verrührte eine Flasche Rotwein mit Orangensaft, Vanilleschoten und Anisgewürz zu einem würzigen Christkindl-Punsch. Die Sterne glitzerten am Himmel wie winzige elektrische Glühbirnen, und die Kirchenglocken läuteten vom Marktplatz herüber. Die Menschen strömten aus der Weihnachtsandacht nach Hause. In den Fenstern gingen die Lichter an, und es wurde ganz still in der kleinen, blauen Stadt. Als kein Mensch mehr auf der Straße zu sehen war, trug Herr Klotz das Weihnachtsbäumchen über den Rasen und stellte es neben Herrn Schnee. Dann holte er den dampfenden Punsch und zwei große Weihnachtsbecher aus dem Haus. „Frohe Weihnachten, lieber Freund!", sagte Herr Klotz und drückte dem Schneemann einen Becher Punsch in den Arm.

Sie stießen auf Weihnachten an. Herr Klotz summte ein Weihnachtslied und nahm einen beherzten Schluck. Und noch einen. „Ja, ja, lieber Freund!", sagte Herr Klotz nach dem dritten Schluck und umarmte Herrn Schnee. Ihm wurde plötzlich ganz wehmütig zumute. Seine Augen brannten. Er blinkerte hinauf zu den Sternen und horchte andächtig in die lautlose Nacht. Wie still es war. „Ja, ja. Stille Nacht, heilige Nacht", murmelte Herr Klotz. Da knirschte es.

Herr Klotz hielt die Luft an und lauschte. Das Knirschen wurde lauter und kam näher. „Huch", dachte Herr Klotz. „Schritte!" Wer war denn so spät noch unterwegs? Womöglich der Weihnachtsmann? Ausgeschlossen, der Weihnachtsmann hatte sich seit dreißig Jahren nicht mehr in der Grummelstr. 7 blicken lassen! Herr Klotz kniff die Augen zusammen und starrte angestrengt in die Nacht.

Eine pummelige Gestalt im dicken, roten Mantel schlich schnurstracks auf die Haustür von Herrn Klotz zu. Das Gesicht war tief in eine dicke, rote Kapuze gehüllt. Die Gestalt schaute sich verstohlen um und Herr Klotz huschte hinter den breiten Rücken von Herrn Schnee. Er wollte den Weihnachtsmann auf keinen Fall vertreiben – jetzt, wo dieser ihn wieder für sich entdeckt hatte. Herr Klotz fühlte, dass sein Herz so laut klopfte wie seine Kuckucksuhr, nur viel schneller.

Am Ende würde sein Herz ihn noch verraten! Aber da entfernte sich der Weihnachtsmann, und alles war wieder ganz still. Die Luft ist rein, dachte Herr Klotz und jagte zum Haus. Donnerlüttjen! Auf der Türschwelle lag ein goldglänzendes Paket mit einer großen roten Brummerschleife auf dem Deckel. Auf einem Zettel stand in krickeligen Buchstaben geschrieben: „Für Julius Klotz. Vom Weihnachtsmann."

An diesem Abend ging Herr Klotz spät zu Bett. Er saß andächtig auf dem durchgesessenen Sofa in seinem Wohnzimmer und hielt sein Geschenk auf den Knien. Alte, längst verblasste Bilder tauchten in seinem Kopf auf, wie Strandgut, das nach Jahren ans Ufer schwappt. Herr Klotz saß still und lauschte in sich hinein.

Am nächsten Nachmittag um vier Uhr läutete es bei Herrn Klotz. Nanu, dachte Herr Klotz, so früh am Morgen, wer konnte das sein? Er war noch nicht sehr lange auf und trottete müde zur Tür.

Vor ihm stand seine Nachbarin aus der Grummelstraße 5. „Frohe Weihnachten!", sagte Frau Wadenstrumpf munter und hielt Herrn Klotz einen Kuchenteller unter die Nase. „Mögen Sie Stollen, Herr Klotz? Ich habe zufällig welchen gebacken. Zu Kaffee schmeckt er ausgezeichnet."

Herr Klotz strich sich verlegen über die Glatze. Er sah sehr erschrocken aus, fand Frau Wadenstrumpf. Sie lächelte. Frau Wadenstrumpf sah wirklich nett aus, wenn sie lächelte, fand Herr Klotz. „Stollen esse ich für mein Leben gern. Am liebsten in netter Gesellschaft", antwortete Herr Klotz forsch und wurde rot wie ein Bratapfel.

Frau Wadenstrumpfs Augen funkelten wie zwei Christbaumkerzen, plötzlich war alles sehr weihnachtlich in der Grummelstr. Nr. 7. Herr Klotz huschte in die Küche, in der Vitrine fand er Gott sei Dank noch zwei Tassen und zwei Teller von dem guten Porzellan. In der Küche brühte er frischen Bohnenkaffee auf. Dann huschte er ins Wohnzimmer und zündete die Baumkerzen an. „Schön haben Sie es hier. Richtig weihnachtlich!", sagte Frau Wadenstrumpf und deutete auf die kleine geschmückte Nordmanntanne. Vor dem Bäumchen, neben einer roten Brummerschleife, lag ein handgestrickter, blauer Wollschal. „Vom Weihnachtsmann!", sagte Herr Klotz und wurde wieder rot.

Frau Wadenstrumpf räusperte sich. „Ja, dann will ich mal den Stollen in die Küche bringen …", sagte sie und verschwand. Herr Klotz lief zur Wohnzimmer-Kommode und kramte in einer Schublade. Er zog ein silbernes Etui aus der untersten Lade hervor, aus dem er eine alte Mundharmonika in seine Hand gleiten ließ.

Herr Klotz klopfte ein paar Mal auf der Mundharmonika herum, damit die falschen Töne herauspurzelten. Dann setzte er das Instrument an den Mund und spielte „Stille Nacht, heilige Nacht." Frau Wadenstrumpf stand mit zwei Tellern in der Tür und lächelte gerührt. Sie setzte sich zu Herrn Klotz auf das Sofa und sang alle drei Strophen des Liedes laut mit.

Es schneite. Dicke Schneeflocken wirbelten durch die Luft, tanzten über das Gartengrundstück und setzten sich an die Fensterscheiben. In der Wohnstube duftete es nach frischem Bohnenkaffee, Tannennadeln und echten Bienenwachskerzen.

„So einen guten Stollen habe ich aber lange nicht mehr gegessen!", sagte Herr Klotz und nickte anerkennend. „Nicht wahr?", meinte Frau Wadenstrumpf. „Greifen Sie doch zu. Ich fürchte, ich kann auch nicht widerstehen." Sie reichte Herrn Klotz den Teller und nahm sich selber noch ein Stück. Herr Klotz aß und schwieg. Frau Wadenstrumpf schaute versonnen aus dem Fenster.

„Wo ipf denn eigentlich Ihr Pfhneemann?", fragte Frau Wadenstrumpf plötzlich mit halbvollem Mund. Fast hätte Herr Klotz seinen Kaffee verschüttet. Er sprang auf und rannte zum Fenster. Frau Wadenstrumpf hatte recht, der Schneemann war weg. „Kommen Sie, meine Liebe!", rief Herr Klotz, griff nach seinem Schal und stürzte hinaus. Frau Wadenstrumpf warf das angebissene Stück

Stollen auf ihren Teller, riss ihren Mantel vom Haken und stolperte hinter Herrn Klotz her. Sie liefen zu dem Platz, auf dem der Schneemann all die Monate gestanden hatte. „Spurlos verschwunden!", stellte Frau Wadenstrumpf erstaunt fest und pfiff leise durch die Zähne.

Herr Klotz seufzte und schüttelte den Kopf. Er seufzte einige Male und schüttelte wieder und wieder den Kopf. Dann schaute er Frau Wadenstrumpf an, und ein schüchternes Lächeln huschte über sein Gesicht. Sie stapften eine Weile nebeneinander her durch den tiefen Schnee. Zwei Farbkleckse auf weißem Untergrund. Herr Klotz mit seinem blauen Schal um den Hals, Frau Wadenstrumpf in ihrem dicken, roten Kapuzenmantel. Sie hielten die Blicke starr auf den Boden gerichtet, gerade so, als suchten sie etwas.

Irgendwann hielt Frau Wadenstrumpf inne und schaute hinauf zu den Sternen, irgendwann rückte Herr Klotz ganz nah an sie heran, irgendwann schob er wortlos seinen Arm unter ihren. Der Mond lächelte. Petrus hatte für heute Tauwetter angesagt. Und so war es auch.

Stichwortregister

Bildnachweis